JN176015

永続企業を創る!
戦略バランスと
レバレッジ会計
マネジメント

有限責任監査法人トーマツ
星野雄滋［著］

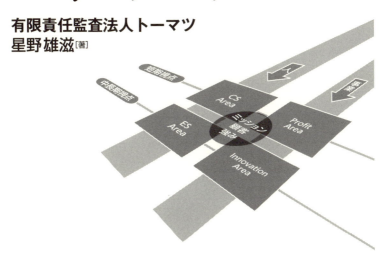

同文舘出版

はじめに

　読者の皆様、こんにちは。
　まずはじめに、なぜ本書を書こうと思ったかを簡単にお話します。一般的に会計は企業経営の結果といわれる中、結果の検証・分析にとどまらず、会計が企業の永続にどのようにして貢献できるか、それが最大のテーマでありました。
　企業について、会計の世界ではゴーイングコンサーン（Going Concern）という言葉があります。
　「企業には将来にわたって事業を継続するという社会的使命・責任がある」という意味です。
　言い換えれば、「企業の使命は、世のため人のために役立ち永続すること」にあります。
　企業という漢字が、「人」「止」「業」という文字から構成されているように、事業は「人」がなければ止まります。ゆえに企業は人なりと言われており、企業の最大の資産は人であります。
　シンプルに、企業＝人＋事業と考えれば、企業の使命である永続性も、これを起点に考えるのが自然です。

　それでは、会計の使命は何でしょうか？
　「会計の使命は、企業の使命に貢献すること」です。
　会計が、企業の使命に貢献するためには、どうすべきか。
　それは永続するために必ず直面するテーマ、「短期の視点」と「長期の視点」のバランスに役立つことです。

「長期的視点・長期戦略を堅持しながら、短期の業績を確保する。」

　永続経営のポイントをシンプルに表現すると、このようになります。しかしながら、時に、短期的な成果を優先してしまうのも経営者の宿命です。まして上場企業であれば株主や投資家からのプレッシャーもあり、将来、芽が出るかもしれない研究開発にお金をかけることには躊躇するかもしれません。しかし、時期を逃さず開発や投資をしないとやがては行き詰まり、将来の収益が生み出せなくなり縮小してしまうことは、歴史が物語っています。

　環境変化に対応し短期的な収益を獲得できなければ、「現在」を乗り切ることができません。一方、長期的な成長能力・成長基盤がなければ、収益は一過性のものとなり、将来にわたって、繁栄することはできません。経営資源は有限ですので、短期と長期にどのように経営資源を配分するか、短期と長期のバランスをいかに図るかという「戦略バランス」が、永続経営の極意といえるでしょう。

　さらに短期的視点と長期的視点に会計がどのような役割を果たすのか、果たすべきなのかという「会計マネジメント」の内容を明らかにします。

　本書では、「人と事業」、「短期と長期」という要素を組み合わせて、永続のための構造を考えてみたいと思います。

　以下がその概念図です。本書では、これを永続マップと呼びます。

永続マップの概念図

	人（組織）	事 業
短期視点 （短期的・変化対応の行動軸）	Customer Satisfaction Area	Profit Area
中長期視点 （中長期的・持続的な行動軸）	Employee Satisfaction Area	Innovation Area

中心：普遍的テーマ

永続マップのコンセプトは、次の2点です。

- 人の力が永続のための核であり、事業の成否も人で決まる
- 短期と長期のバランスを図る経営が永続につながる

特徴は、下記の点です。

- 中心に経営の普遍的テーマ（ミッション、顧客、強み）を置く
- 短期的な収益確保の視点で事業を行うエリアは、Profit Area
  主な要素は、売上総利益（粗利益）と戦略コストである。
- 長期的な成長の視点で事業を行うエリアは、Innovation Area
  主な要素は、イノベーションと戦略投資である。
- 長期的な視点で人財の成長を実現するエリアは、ES Area
  主な要素は、従業員満足と人財育成投資である。

（ES：Employee Satisfaction、Education System）
- 短期間で変わりやすい顧客の欲求を把握し実現するエリアは、CS Area
　主な要素は、顧客満足とそれを実現する組織の活力である。
　　（CS：Customer Satisfaction、Customer & Structure）

　このように永続マップには、4つのエリアがあります。この4つを有機的に関連づけ、永遠の時計の針のように円を描きながら回り続ける。それが永続マップの機能になります。

　また、短期的視点と長期的視点に焦点を当てると、次のように説明することができます。

○短期的視点と長期的視点

- 短期的視点とは、「環境変化への対応」であり、環境変化に対応するためには、「すてる&強みを活かす（強みに集中する）」ことがポイントである。また、環境変化への対応は市場・顧客ニーズへの即応でもあり、常に顧客志向・顧客満足を実現しなければならない。
- 長期的視点、長期的成長力のためには、成長への種まき（研究開発）と人財への投資（育成・採用）が欠かせない。

　短期と長期の視点から、永続経営のイメージを示すと、次の図のようになります。

永続経営のイメージ：短期的視点（環境変化への対応）と長期的視点

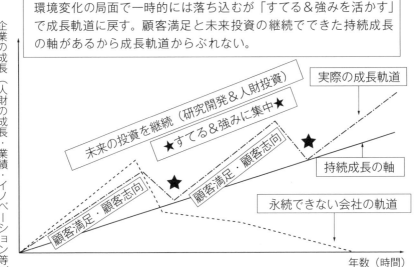

- すてる＆強みに集中については、2 で、
- 研究開発（イノベーション）は、3 で、
- 人財投資については、5 で、
- 顧客満足・顧客志向は、6 で、

解説します。

また、上記4つのエリアに関連する会計テーマを「永続のための会計マネジメント」と題して、4 で解説します。

さて、中小企業庁の統計データによりますと、国内の企業総数は386万社、うち中小企業・小規模事業者数は385万社（全企業数の99.7％、雇用の約7割）となっています（2012年2月時点）。中小企業・小規模事業者がわが国経済の屋台骨を支えています。一方、大企業あるいは上場企業は経済回復を牽引し、グローバル化にいち早く対応しています。

東日本大震災後、自然エネルギーへの転換が求められる中で、「持続可能

な社会／持続的な成長」は改めて重要なテーマとなっています。その意味では、企業は無理な成長を追わずに持続可能な成長を果たしていくべきと思います。

　中小企業であれ大企業であれ、また上場企業であれ、永続を目指して頑張ることが、世のため人のためになり雇用を維持・継続します。これが究極の社会貢献です。

　本書を通じて、永続を目指して頑張る企業のお役に立てれば幸いです。

　なお、同文舘出版株式会社の新堀博子氏には本書出版に際し、格別のご尽力を賜りましたこと、改めて感謝の意を表します。

2014年12月
星野雄滋

目 次

はじめに ———————————————————————— i

1 永続企業の特徴　　　　　　　　　　　　　　　　　　　　1

　1　未来志向企業、持続的成長企業の特徴———————————1
　2　永続マップの概念図とコンセプト—————————————6

2 永続マップの【Profit Area】　　　　　　　　　　　　　　11

① 製品の絞込み・顧客の絞込み（すてる＆強みに集中）-11
　1　製品を絞り込む————————————————————11
　2　顧客を絞り込む————————————————————21
　3　顧客と商品の絞込み——————————————————26

② 顧客は何を買いたいか————————————————33

③ 顧客にとっての価値を価格に反映し粗利益を向上-35
　1　顧客に提供する価値と価格設定（値決め）————————35
　2　粗利益額の目標設定——————————————————38

④ 変化の把握スピードと対応スピード——————————39

⑤ 営業費の有効な管理—————————————————42
　1　運転経費の定義————————————————————42
　2　運転経費のコントロール————————————————43
　3　戦略コストと未来費用—————————————————45
　4　人件費の最大有効活用（有効な時間配分）————————47

3 永続マップの【Innovation Area】　51

1　成長の種まき（研究開発への投資）――――52
2　研究開発の管理のポイント（時間軸）―――57
3　重要な研究テーマの継続化（強みの磨き上げ）―――59
4　アイデアを出す仕組みと新規開発―――62
5　売上新規度（イノベーションの数値目標）―――70
6　将来を見据えた戦略投資―――80

4 永続のための会計マネジメントとは　93

1　B／Sの本質的機能とP／Lとの関係―――93
2　社会資本利益率という意識―――97
3　P／Lの2面性とB／Sの着眼点―――102
4　戦略コストのレバレッジ効果―――107
5　運転資本の改善（営業CFの増加）―――111
6　永続経営のための財務指標―――114
7　利益管理―――115
8　ROEの高め方（上場企業向けコラム）―――119

5 永続マップの【Employee Satisfaction Area】　123

1　社員が成長するための重要なテーマ―――123
2　価値観の合う人財の採用―――124
3　人財育成は、計画的な教育投資から―――126
4　社員が育つ環境（社員が主役になる経営）―――130
5　顧客満足の前に従業員満足―――136
6　長所伸展（強みを活かして伸ばす）―――143
7　人財成長度と強み活用度―――148
8　協力会社も従業員の一員という意識―――149

6 永続マップの【Customer Satisfaction Area】 153

1 社内ではなく顧客を向き、顧客満足の実践―――153
2 未充足の欲求を捉える―――157
3 生産性向上は誰のため―――159
4 付加価値（労働生産性）を向上させる―――161
5 組織の活力を創る―――162
6 改革の成功は会話の回数次第―――165

7 永続マップを使いこなす 169

1 永続マップに実際の経営パターンをあてはめる―――169
2 永続経営の「型」―――173
3 永続経営のためのチェックポイント―――175
4 中長期経営計画成功のポイント―――178
5 永続マップにおける経営者・管理者の役割―――181

8 永続マップの普遍的テーマに戻る 183

1 ミッション（企業理念・使命）―――183
2 顧　客―――188
3 強　み―――189

9 まとめ 193

① **永続できる会社と永続できない会社**―――193
② **永続のレバレッジを効かせる**―――194
③ **永続経営のスタイルは各社の自由**―――195
④ **永続経営のための長期的な利益創造**―――196
⑤ **企業の価値は、永続することである**―――198

あとがき―――201

1 永続企業の特徴

　永続企業は、長寿企業とも言うことができますが、本質的な意味においては「持続的成長を果たすことができる企業」と定義します。持続的成長を果たすことができれば永続に結びつくと考えることができるからです。

1　未来志向企業、持続的成長企業の特徴

　未来志向の企業として、よく取り上げられるのが有名な著書『ビジョナリー・カンパニー』(*1)です。
　『ビジョナリー・カンパニー』の特徴としては、次の点があげられます。

- 基本理念を維持しながら進歩を促している
- 長く続く素晴らしい組織（※）を創っている。
- 社運を賭けた大胆な目標を持っている。
- カルトのような文化を持っている（理念・価値観に合う人財を選別している）。
- 進化による進歩を積極的に促している。具体的には大量のものを試して、うまくいったもの（そして基本理念に適合するもの）を残している。⇒イノベーションの文化
- 生え抜きの経営陣を持つ。
- 決して満足しない（行動基準であり、イノベーションの視点）。

（※）素晴らしい組織について、ヒューレット・パッカードの創業者デビッド・パッカードは次のように述べています。「問題は一人ひとりが創造力を発揮できる環境をいかに創るかだ。この環境を創るために組織構造を十二分に考えなければならない」

上記から、3つのテーマの重要性を再認識することができます。

- 理念経営
- 組織と人財
- イノベーション

『ビジョナリー・カンパニー』に登場する企業の特徴だけでなく、日本や世界の長寿企業等永続経営を行っている企業の特徴をあげると、次のようになります。

- ミッション経営・理念経営をしている。
- 企業は人なり・従業員重視（定期採用・教育投資）の経営をしている。
- 顧客を意識・行動の中心に据え、全従業員が顧客満足実現のために、顧客を向いた仕事をしている。
- 将来のための種まき（研究・開発）を怠らない。
- 基礎研究やマザー工場に投資をしている。
- 自社のコア事業強化のために長期投資を行っている。
- 明日の利益より10年先の仕事を意識し、まだ市場が十分に形成されていない分野に果敢に先行投資する。
- 苦しい状況でも定期採用を継続し、現場の活力を維持している。
- 環境変化への対応を的確（戦略的に）・迅速に実行できる組織と人財を創っている。
- 一定の利益がきちんと出る仕組み、金額の大小でなく長い間にわたって毎年きちんと利益が積み重なっていく仕組みをもっている。
- ステークホルダー満足の経営をしている。

　上記の特徴をもとに、具体的に整理したものが次のものになります。これは「はじめに」でご紹介した永続マップに当てはめたものです。

永続企業（持続的成長企業）の特徴

		人（組織）	事　業	
マーケティング	（短期的・変化対応の行動軸）短期視点	☐ 全社員が社内でなく顧客を向き、顧客満足度（QPS*）を高めるために仕事をしている。 ☐ 顧客ニーズの変化や未充足の欲求（未解決の問題も）を的確に捉えている。 ☐ 業務改善や時間の使い方を常に意識して行動し、顧客満足活動のために時間を創り出している。 ☐ 権限と責任を与えきり、仕事を任せ、社員が主役の組織運営を行っている。 ☐ 何度でも方針・目標を共有し、上司と部下、部門間の会話を意識して増やしている。	☐ 売上、粗利益率のバランスをとりながら、強み商品で粗利益と売上の極大を目指している。 ☐ 顧客が何を欲しいかを常に念頭に置き、ニーズに基づいた商品・サービスを提案し販売している。 ☐ 成長戦略に基づいた戦略コストを意識的に使い、戦略ターゲットに対する戦略商品売上を上げている。 ☐ 環境変化に対応するため、市場や顧客の変化に注目しつづける。 ☐ 営業利益と営業CFに寄与するため、運転資本と運転経費のコントロールを有効に行っている。	
	（中長期的・持続的な行動軸）中長期視点	☐ 価値観の合う人財を定期的に採用している（P・Aの正社員化含む）。 ☐ 人財育成を長期視点で計画的・持続的に行っている（教育訓練時間比率、教育研修費比率）。 ☐ 管理職のリーダーシップ教育を最も重視し、従業員のやる気と強みを引き出せるようにする。 ☐ 従業員満足を把握し、真摯に改善し満足度向上に努めている。 ☐ 協力会社と Win-Win の関係を築き、さらなる品質・技術の向上に磨きをかけている。	☐ 将来のための成長の種まきを日常業務に組み込んでいる（種まきの時間比率、研究開発費比率）。 ☐ 重要な研究テーマは芽が出るまで研究を続行（会社の意思の現れ）。 ☐ イノベーションのアイデアを継続して出すための仕組みを創っている。 ☐ イノベーション（売上と新規比率）の明確な目標を持ち、社内で合意されている（数値目標と質目標―世の中にとり新しい価値満足を実現する商品開発）。 ☐ 5年先、10年先の収益のために、時期を逃さず先行投資を行う。	イノベーション

（＊）Q：Quality、P：Price、S：Service、Speed

なお、反面教師として、成長ができない会社の特徴も示します。

成長できない会社の特徴

		人（組織）	事　業
マーケティング ✗	（短期的・変化対応の行動軸）短期視点	☐ 顧客満足が掛け声倒れ。社員が顧客ではなく社内を向いている。 ☐ 現状の満足確認で終わり、未だ満たされていない顧客の欲求や未解決の問題を聞き出していない。 ☐ 時間の意識が希薄で、その日を終えることを大事にし、改善・改良・時間の創造ができていない。 ☐ 裁量や権限委譲が少なく、ルール・マニュアル、統制のための会議で組織を運営しようとする。 ☐ 上司・部下、部門間の会話が少なく、方針や目標が共有されず一枚岩になれていない。	☐ 売上（量）を優先し、粗利益率が低下。売上（規模）を追い、商品品目がいたずらに多くなり、強み商品が活かされず、結果、売上が減少する。 ☐ 目先自社が売りたいものを売る。 ☐ 戦略コストの定義ができておらず、また、かけるべき時にお金をかけず、収益の機会を逃す。 ☐ 運転資本改善の重要性を認識しておらず、一方でコストダウンで営業利益を確保する（いずれ行き詰まり、社内も協力会社も疲弊）。
	（中長期的・持続的な行動軸）中長期視点	☐ その場しのぎの対応で、人財を定期的に採用していない（活性化せず閉塞感がただよう）。 ☐ 従業員教育を計画的・継続的に実施していない。その場しのぎ。 ☐ 幹部教育・管理者教育が弱く、上司が部下のやる気と強みを引き出せていない。 ☐ 従業員満足を把握していない。 ☐ 協力会社は単なる外注で、発注価格で統制。Win-Win の関係を築くための施策を行っていない。	☐ 成長の種まきをしていない。かける時間と費用が中途半端で目標を持たず。時間とお金がある時次第。 ☐ 種まきはしているが持続せず、短期成果基準で中止することがある。 ☐ アイデアが単発で成功確率が低い。 ☐ イノベーション（売上新規度）の明確な目標を持たず、役員間でも見解が統一されていない。 ☐ 5 年先、10 年先を見据えた先行投資を行っていない（準備していない）。内部留保が優先。	✗ イノベーション

2　永続マップの概念図とコンセプト

　上記に示した永続企業の特徴をテーマごとに整理すると、以下のような図になります。

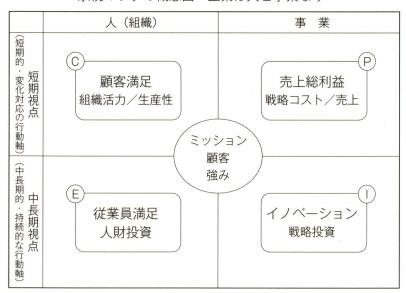

永続マップの概念図 "企業は人と事業なり"

　まず、永続マップの中心にある普遍的テーマは、「ミッション」と「顧客」と「強み」の３つになります。

　「ミッション」とは、企業の存在意義であり、企業理念・使命ともいわれます。また理念という言葉から（理想を念ずる）ビジョンも含めて考えることができます。「我々は何者で、何のために存在し、何をやっているのか」企業経営の根幹ともいえ、全社員が必ず立ち返る原点です。

　「顧客」は、２つの意味で用いています。「企業の目的は顧客の創造である」（ドラッカー）という未来の顧客（市場）という意味と、全社員が今現在常に

顧客志向でなければならないという意味です。ドラッカーは、マネジメントの目的は、「よりよい社会を創り、働く人々を幸せにすること」だと言いました。ただ社会はたえず変化していくため、変化の先行きの分からない社会において生き残りその中で貢献していくためには、企業自らが顧客の集合体としての市場を社会の中で創造し、未来を創り出していかなければならないのです。顧客志向については、現在の顧客の満足を実現していかなければ今日、企業として存在しえない（ビジネスが成り立たない）という意味で、この重要性については周知の通りです。「強み」の重要性については、「経営の本質は、成果を上げるために強みを活かすことである」（ドラッカー）の通りであり、強みに集中し強みを磨き続けなければ生き残ることができません。永続するためには、ユニークな（個性・特色のある）得意分野＝強みが大変重要です。ただ環境変化に伴い活かせる強みも変化しますので、たえず自社の強みは何かを追求・特定する必要があります。また自社が自社の強みを本当に分かっているとは限らず、顧客から教えられることも少なくありません。

　以上、永続マップの中心に位置する普遍的な3つのテーマから、
　　永続経営の根本は、

「ミッションのもと、強みを最大限活かして、顧客を創造する」

　と定義することができます。
　普遍的テーマの確認ができたところで、改めて永続マップの概念図に戻ります。

- まず、6ページの永続マップの概念図"企業は人と事業なり"の右上のP（Profit）のゾーンは、売上総利益、戦略コスト／売上と表示します。売上総利益を極大にし、さらに戦略コストにより戦略的な売上を上げ

るゾーンです。
- 次にI（Innovation）のゾーンは、イノベーション、戦略投資と表示します。

  研究開発によりイノベーションを実現し、新たな売上・利益を獲得します。また強みのあるコア事業に対し戦略的な投資を実行し、将来の収益基盤を強固なものにします。
- 次にE（Employee）のゾーンは、従業員満足、人財投資と表示します。

  企業は人なりの通り、従業員の満足度を向上させ、やる気にさせます。そして従業員の成長を支援するために、計画的な教育を行い人財育成の投資を行います。
- 最後のC（Customer）のゾーンは、顧客満足、組織能力／生産性と表示します。

  永続マップの中心に、「顧客」をすえたように、全社員が顧客志向になり顧客満足の維持・向上を実現します。一方、顧客（市場）のニーズは変化し、競合も変化（より改善又は新規の参入）するため、すばやく的確に変化に対応する組織活力／生産性が必要になります。

4つのゾーンはそれぞれ別個に存在するのではなく、短期と長期のバランスを図り、相互に連携し合いながら全体として永続を実現していきます。

相互連携のイメージを簡単に示すと、次のようになります。

永続マップの相互連携

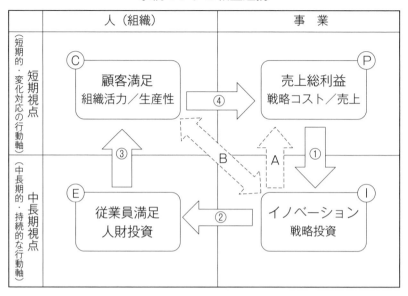

- Profit Area では、売上総利益・営業利益（営業キャッシュフロー※）を獲得し、将来のための研究開発投資や戦略投資等にお金を回します（Innovation Area へ：①）。数年後、投資の成果が実現し、さらなる売上総利益・営業利益の向上につながります（Profit Area へ：A）。したがって、来期のため・将来のためなら一時期の損益にこだわらない戦略的な意思決定が重要です。

    ※営業キャッシュフローは 4 で説明します。
- Innovation Area では、成長のための種まきを日常業務に組み込み、イノベーションのアイデアを継続して出すためのしかけを導入することで、社員の満足・やる気が向上します（Employee Satisfaction Area へ：②）。なぜなら、自分の能力や可能性を最大限に発揮して創造的な仕事がしたいというのは、マズローの5段階欲求の最上位の欲求であるからです。
- Employee Satisfaction Area ゾーンでは、社員満足が向上するため、顧

客満足の向上につながります（Customer Satisfaction Area へ：③）。なぜなら、現場の最前線で顧客と接している社員が満足していない限り、顧客を満足させることはできないからです。また教育による人財育成を行うため、社員は成長し、問題発見力・問題解決力が向上します。そのことにより環境変化への対応力が身につきます

- Customer Satisfaction Area では、社員満足及び企業理念をベースに顧客満足を向上させます。顧客満足の要素 QPS（品質・価格・サービス等）が向上することにより、顧客に提供する価値（付加価値）が向上し、それが売上向上・利益向上につながります（Profit Area へ：④）。また顧客満足を追求するため、顧客が自分でも気付いていない欲求や、気付いてはいるがまだ満たされていない欲求を探り出すことにより、新たな商品・サービスの開発につなげます（Innovation Area へ：B）。さらにその新商品・サービスにより、顧客に新たな価値・満足を生み出します（Customer Satisfaction Area へ：B）。

本書では、Profit Area から解説していきますが、永続経営のためにはまず利益が必要であり出発点であるということではありません。4つの Area はどれも重要であり相互に関連しあうものです。しいて言えば、会社や事業を興すときには、作成したミッションに基づき、顧客の欲求からスタートすると思いますので、Customer Satisfaction Area が起点になるものと思います。本書は、創業後一定の年数を経過し Customer Satisfaction Area が存在する会社を想定して、Profit Area から解説していきます。

|1| 参考文献
(*1)『ビジョナリー・カンパニー』
　　ジェームズ・C・コリンズ（著）、ジェリー・I・ポラス（著）日経BP出版センター（発行）

2　永続マップの【Profit Area】

製品の絞込み・顧客の絞込み（すてる＆強みに集中）

1　製品を絞り込む

　成長の踊り場にある企業、あるいは、拡大路線に走ってしまった企業に見られることですが、何とか売上を上げようといたずらに規模（量）を追い様々な製品を開発したり、仕入・取扱い商品を増やすことがあります。しかし結果的には、どの商品も売上が伸び悩み、コストもかさむため（開発コスト、製造コスト、在庫コスト）粗利益は減少し、営業利益も減少します。単に商品の種類が増えたが、パンチの効いた魅力的な商品がない（もしくは埋もれて見えない）ため、売上も付加価値（利益）も減ることになります。したがって、次のことが必要になります。

- 強い商品を伸ばす（顧客の支持・評価が高い商品）
- ターゲットを明確にした新商品を開発する
- 製品の種類を絞り込む、売上が低下し・売上増加が見込めない商品はすてる

　この製品を絞り込み多くの製品をすてたこと、そして新しい魅力的な製品の開発につなげた有名な事例があります（本書では、商品と表現する場合は、製品も含めて使用しています。）。

＜アップルの事例＞

　スティーブ・ジョブズがアップルに復帰後に行った「製品数の大削減」です。

　ジョブズがアップルに復帰後、発見したのは膨大な数の製品でした。唖然としたジョブズは開発者に、その商品を勧める理由や、いつこの商品が売れそうかについて尋ねたそうです。

　しかし3週間経っても、答えを見つけることはできませんでした。「アップル内部で働いていて、専門家たちに話を聞いた自分が3週間経っても理解できないなら、顧客はいったいどうしたら理解できるのだろう？」

　「『世の中の人は何を望んでいるんだろう』と考えたんだ。望まれている製品は2種類──消費者用とプロフェッショナル用だ。どちらもデスクトップとポータブルが必要だろう。つまり、素晴らしい製品が4種類あれば十分なんだ。」(*1)

　ジョブズはこのように考え、製品数の大幅削減を決断しました。

　これを要約したものが以下の図です。

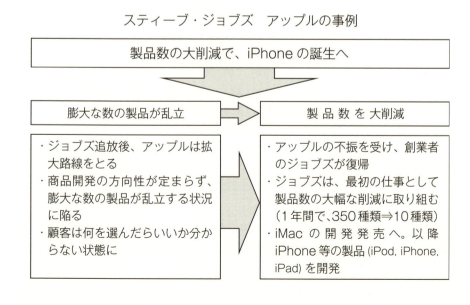

スティーブ・ジョブズ　アップルの事例

またこのリストラの経験をふまえ、ジョブズ独特のポリシーを述べています。

> 最も重要な決定とは、何をするかではなく、何をしないかを決めることだ。
> 何かを得たいなら、すてることだ。

> 方向を間違えたり、やり過ぎたりしないようにするには、まず「本当は重要でも何でもない」1,000のことに「ノー」と言う必要がある。
> このような否定によって本当に重要なことにピントを合わせられる。

先ほどの話に戻って、もう少し詳しくみていきましょう。

商品の種類を増やす（商品開発や企画仕入等）場合、次の3つのケースが考えられます。

	商品の種類を増やすパターン	評価
A	現状の顧客に対して、そのニーズを聞きながら、ニーズに対応した商品の種類を増やす	○
B	現状の顧客に対して、どのようなニーズにも対応できるようにと、多種多様な商品の種類を増やす	?
C	新たな顧客に対して、こんな商品が売れるかもしれないと考え、商品の種類を増やす	?

Aのケースは、顧客の欲求・ニーズに基づいて行う行為であるため、望ま

しいと言えます。顧客が望めば、自社商品にこだわらず他社商品も取り扱うケースもあります。

Bのケースはどうでしょうか。いわゆるワンストップサービスですが、よほど顧客のロイヤリティ・満足度が高くないと購入してくれません。なぜなら、その商品・サービスに特化した専門性・品質が高い企業からの購入を検討するからです。さらに多様な商品を維持するコスト（固定費）もかかえます。

Cのケースは、新規の顧客も含めた顧客の範囲（ニーズの異なる顧客）を増やすことですから、商品の種類は必然的に増えます。また未経験の分野でしょうから、失敗するリスクは高いと言えます。

したがって、上記のCとBを中心に商品をすてることになります。

ここでのポイントを整理すると以下の2つがあげられます。

- 今の顧客の欲求に応えることを通じて、強い商品を磨き続けることが大事である。
  そのことで評判・信用が高まり、さらに顧客の数を増やすことができる。
- 拡大路線や外部環境の変化等により、顧客の範囲（ニーズの異なる顧客）が増えてしまった場合は、「基本理念（ミッション）に立ち返り、強みを活かせる顧客は誰なのか」の視点により、顧客を絞り込む。」

そこで、次は、顧客の絞込み・ターゲティング（我々にとっての顧客とは誰かを決めること）の重要性についての事例を紹介します。

<レゴの事例>

　世界的なクリエイティブ企業レゴの事例をみます。今やアップルを凌ぐイノベーションの宝庫と言われるレゴの、3億ドルの大赤字から驚異のV字回復を果たした事例です。

　創業以来、レゴはその独創性によって玩具業界で比類なき地位を築き上げてきました。しかし、20世紀末に子供たちはテレビゲーム等に夢中になり、競争が熾烈なデジタル分野で遅れをとり、2003年には創業以来最大の損失を計上しました。

以下にその経緯を示します。

- 1993年15年間続けた2桁の成長率が止まった時、右肩上がりの成長を続けるために製品開発を加速させて、製品ラインアップを大幅に増やした。結果、開発費が膨れ上がる一方、売上は伸びなかった。
- 1990年代後半には、レゴの主要な購買層の大半がインタラクティブなゲームや子供向けゲームソフトに夢中になり、レゴブロックがどんどん置き去りにされた。

　　しかし何でもいいから売れて欲しいという思いから、むやみに売り出される新製品は止まらなかった（結果ほとんど利益がでない商品となった。）。
- この結果、1998年創業以来初めての赤字を計上した（次ページ参照）。
- この事態を打開するために、レゴは、企業再生請負人にレゴの経営を託し、2005年までに売上を2倍にするよう依頼した（目標を達成したら高額の報奨金が約束されていた。）。
- この売上目標達成のために、「子供のいる家族向けのブランドでナンバーワンになる」という新たな目標（事業領域）を設定し、様々な観点からイノベーションに取り組んだ。中でも全方位のイノベーションに取り組んだことにより、新製品の開発にとどまらず、レゴ初のテーマパーク事業も行った。さらにレゴストアで小売にも手を出し、さらに、子供

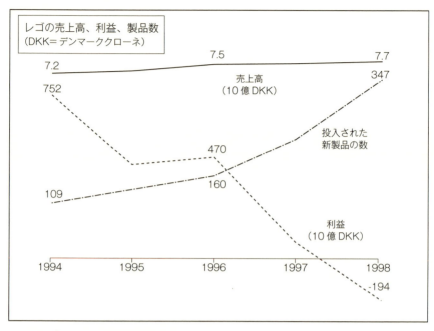

出典:『レゴはなぜ世界で愛され続けているのか』(*2)

　服や書籍・雑誌、テレビシリーズやDVD、テレビゲームにも事業を拡大した。
　この結果は、一時的に持ち直したものの、2003年業績が悪化し、レゴ帝国は崩壊し始めました。

　なぜレゴ帝国が崩壊したのでしょうか。
　それは、

　成長ありきの売上目標達成のために核となる分野から外へ出て、レゴブランドとはほとんど関連のない分野に進出したこと、つまり、すべての子供及び子供がいる家族までも広範な顧客をターゲットとしたことにより、多数の新しい製品カテゴリーや新しい事業を求めて突き進んでしまったこと（新製

品や新事業は失敗に終わる。)。

　2つ目は、現実を見ようとせず、外の世界との対話を欠いてしまったこと、つまり、小売店と顧客をないがしろにしたこと。

が原因です。

　つまり一番大事にしなければならない組織の目的【基本理念】に基づく事業の成功ではなく、財務数値による成長を目的にしてしまったと言い換えることもできます。

　レゴ帝国を建て直すために最も重要なことは、中心的な顧客に中核の製品を売るという基本に立ち返ることであり、そのためには大元にあるレゴの基本理念に立ち返るということでした。

　第1の理念：価値観が肝心
　第2の理念：果てしない試行錯誤が画期的なイノベーションを生む
　第3の理念：製品ではなく、システムを作る
　第4の理念：的を絞ることで、利益の出るイノベーションが生まれる
　第5の理念：本物だけをめざす
　第6の理念：小売店が第一、その次に子ども

　基本理念に立ち返り、共通の価値観が組織に共有されたことで、レゴシティの復活が始まりました。ちなみに、第3の理念のシステムは「遊びのシステム」と呼ばれ、ブロックによってすべてのおもちゃがつながること、どんなキットも好きなだけ拡張できることを意味します。つまり無限に遊び続けられることであり、そのキャッチフレーズは「いつまでも遊べる。いつまでも作り続けられる。レゴはぜったいにきみを飽きさせない。」アップルが、iを冠した製品でブランドの「エコシステム」を築く数十年も前に、レゴは万能なブロックによって自社の製品群を1つに統合するという思想を持って

いたのです。

　復活のためのメインテーマは、「的を絞ることで利益の出るイノベーション」、「顧客主導型になる」でした。
　まず、「的を絞ることで利益の出るイノベーション」について説明します。
　的を絞るというのは強み（利益を生み出せる本当にレゴの中核になりうる製品・事業）に集中し、利益の出ていないもの・専門外のものは「すてる」ことです。そのため、製品ラインアップの30％削減とレゴストアの縮小、テーマパーク及びテレビゲーム事業の売却を決めました。実際、1950年代創業家の2代目は、プラスチックのブロックにすべてを賭け、木製玩具の生産を止めています。その結果として社員の創造性が1つの分野に振り向けられ、利益の出る製品が次々と誕生していったのです。

すてること・集中することが利益の出るイノベーションを生み出す

　また数値管理面からも利益の出るイノベーションを意識させました。つまり、製品利益率の数値目標を設定し、その目標利益率を上回ることが確実に予測できなければ、市場には投入されませんでした。このことにより、レゴの前進のためには、利益の出るイノベーションだけに力を注がなくてはいけないという意図が社内全体に伝わりました。
　それではどうすれば利益が出る製品を開発できるのか、それはターゲットとする顧客にとっての価値を提供できるかどうか、つまり、高いお金を払ってでも買いたくなるような質の高い製品（高級ブランド）を開発できるかどうかということになります。そのためには、「顧客主導型になる」は最重要のテーマでした。

次に、「顧客主導型になる」ために、次の3点が実行されました。
　ⅰ　顧客とじかに会う（レゴに対するファンの意見を聴く）
　ⅱ　対話を続ける（大人のユーザーから新製品のアイデアを募り、子供たちから開発中の製品に対するフィードバックを得る）
　ⅲ　顧客データで顧客との対話を補強する（過去に例のないほどの大規模な顧客調査を実施）

　ⅰのファンの意見を聴く趣旨は、「レゴの存在理由は何か？　レゴがこの世から消えたら困ることは何か」ということでした。
　また、ⅲの大規模な顧客調査の目的は、レゴブロックの最大のファンを見つけることでした。具体的には、レゴへの情熱がほとばしり、その情熱によってレゴの楽しさを広めてくれる子供のファンです。
　調査の結果、レゴには200万人以上からなる強大なコミュニティがあり、クリエイティブな組立ての遊びを求める市場は衰退していないことが分かりました。
　調査を指揮したチームリーダーは次のように述べています。
　「私たちは、**組立てが好きな子供に狙いを絞り、高級ブランドを築こう**と考えました。そうするとその枠の外のことは一切心配する必要がなくなりました」
　この明確な方針のもと、時には典型的な顧客層の想定を極端に狭め「組立て玩具に興味のある5〜9歳までのドイツの男の子」とし、力を入れる製品ラインアップは4つに絞り込まれることもありました。

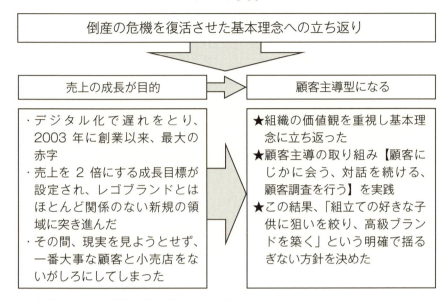

参考:『レゴはなぜ世界で愛され続けているのか』(＊2)

　以上、顧客主導型になるための施策を実行した結果、レゴブロックの最も熱烈な顧客がはっきりし、今後の戦略が明確になると、社員たちの間に自社の未来への希望がよみがえり始めました。
　その後の製品開発は「顧客主導型」で進められ、価値を生み出す製品を開発した結果、現在、レゴブランドが復権されています。

　次に日本における顧客を絞り込んだ成功事例をみます。

2　顧客を絞り込む

＜でんかのヤマグチの事例＞

　テレビ放映もされマスメディアで頻繁に取り上げられているでんかのヤマグチ。地域（東京・町田）の家電販売店である同社の周りには、大手家電量販店が立ち並んでいます。価格では勝負できない同社がとった戦略は、同社が持つ強み（価格ではなくサービス）を活かせる顧客は誰なのかという視点で考え、思い切って顧客を絞り込んだことです。結果は、当初売上は落ち込みましたが、とことん顧客に奉仕する同社のサービスが顧客に支持されたことにより、価格競争に巻き込まれないばかりか高値での販売も可能となっており、粗利益が伸びていきました。

　これらの内容をまとめたものを図で示します。

　　　　顧客を絞り込んだ成功事例―でんかのヤマグチの概要

```
でんかのヤマグチ
  ・電器店（東京都町田）
  ・1965年創業
  ・売上12億円（2007年時点、以降も同程度の売上）
  ・粗利益率37.8％（2007年時点、業界平均30％）
  ・経営理念：
    『でんかのヤマグチは、当店を利用していただく大切な大切な
     お客様とお客様の為に働く社員のためにある。』
  ・モットー（こだわり）　⇒強み
    ①お客様に呼ばれたらすぐトンデ行くこと
    ②お客様のかゆいところに手が届くサービス
    ③お客様に喜んでいただくこと
    ④お客様によい商品で満足していただくこと
```

参考：『ヤマダ電機にまけない弱者の戦い方』（＊3）

モットーの具体的な実現として、お客様に次のような奉仕（サービス）を行っています。

お客様から冷蔵庫の調子が悪い、蛍光灯をつけかえてくれというお声がかかったら、飛んでいくのは当たり前とのことで、「即日対応」（即日修理、即日サービス、即日配達）をお客様との約束事にしています。その本業とは別の究極のサービス（裏サービス）を提供されています。例えば、

- 家具の移動（家のレイアウト変更）
- お客様外出時の留守番
- 日用品等のお買い物
- 旅行中の水遣り
- 飼い犬の散歩など

このように「何でも屋さん」のようなサービスを無料で行っていることで、結果的に「遠くの親戚より、近くのヤマグチ。買い物だけの付き合いじゃないからこそ買い物する」とまでお客さんに言わせることができています。またこのため高値での販売を実現することができています。

このようなことはとても大手の量販店では真似のできないことであり、地域密着の企業ならではのサービスですが、単に地域密着サービスという言葉では表現しつくせないことがあります。

それが、経営理念とモットーであり、それ自体が強みの源泉になっているのです。

顧客を絞り込んだ成功事例—でんかのヤマグチの絞込み

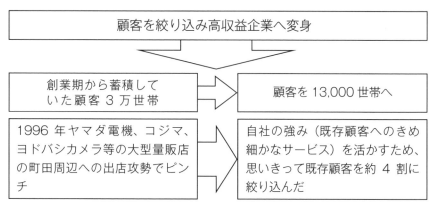

参考：『ヤマダ電機にまけない弱者の戦い方』（＊3）

　約6割の顧客を「すてた」わけですから、強みに集中するという経営者の強い覚悟が伺えます。ドラッカーは、「経営の本質とは、成果を上げるためにどんな強みを活かして何をなすべきかを考え・実践することである」と言っています。まさにでんかのヤマグチは、経営の本質を実践したといえます。

　次の図が業績の推移ですが、強みに集中した結果、成果（粗利益と安定的な売上）を上げています。2010年以降も毎月1億円の売上（年商12億円）、粗利益率は39％（2012年）となっているようです。

　そして、注目すべきは、お客様に奉仕し、結果、高値での販売を目指すという経営方針により、毎期の事業計画は「売上」でなく、「粗利益」に変更されました。社内で飛び交う数字はすべて粗利益になっています。さらに社員の給料も粗利益で査定され、毎日の目標粗利益まで決めています。したがって、社員は安易に安売りするわけにいかず、また顧客に対して今まで以上に懇切丁寧に接しなければなりません。このようにして粗利益重視の経営を実現しています。

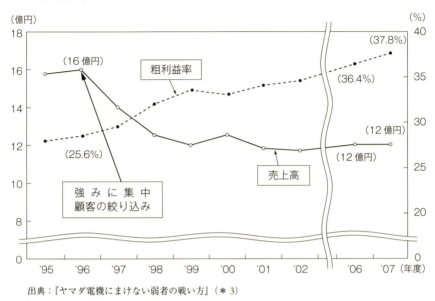

顧客を絞り込んだ成功事例―でんかのヤマグチの業績の推移

出典：『ヤマダ電機にまけない弱者の戦い方』（＊3）

　それでは、限定された地域の中で、消耗品でない商品を販売している状況で、安定的な売上をどのように実現しているのでしょうか。ここでは売上の構成要素の1つ、購入回数（購入頻度）に注目します。
　究極の裏サービスが主な理由ですが、それだけで自然と商品を購入してくれるわけではありません。ある武器を準備して、提案力を高めているのです。その武器とは、「顧客の家の中が丸見えになる顧客台帳」です。台帳の中でも肝になっている情報は、家電の購入履歴で、ポイントは、ヤマグチだけでなく、他店で買ったものもすべて記載する点です。顧客がどんな商品を、いつ購入したのか。それが分かれば、営業するときに「お客さんが今使っている冷蔵庫、購入から10年くらい経っていますよね。省エネ性能の高い新型に買い替えませんか」といった提案ができるのです。顧客に密着したサービス（呼ばれたらすぐにトンデ行く＆巡回訪問）を行っているがゆえに、

家の中がすべて分かる情報を収集できるわけで、その情報を最大限活用しているのです。

　もう1つは上得意客向けの毎週の奉仕イベントです。毎月テーマを決めて実施しています（6月カツオまつり、11月男爵いもまつりなど）。このことが日ごろの奉仕サービスと相まって、顧客（上得意客）の生涯顧客化につながっています。イベントの評判は当日のにぎやかさ、口コミなどで広まり、新規顧客の開拓にもつながっています。つまりイベント費用は、生涯顧客のための先行投資であり、新規顧客開拓につながる広告宣伝費の側面も持っています。生涯顧客化はその世帯の世代が続く限り、「永続的な顧客の創造」活動ともいえます。

　以上の活動を売上の方程式に当てはめると、次のようになります。

大事なことは、会計との関連性をつけながら、事業活動を実施することです。

売上の方程式

売上の方程式＝A×B×C

A	顧客の数	口コミで増やす 上得意客の紹介
B	顧客1人（社）1回当たりの購入価格	奉仕サービスで高値 粗利益による給与査定
C	顧客1人（社）当たりの年間購入回数	顧客台帳による提案営業 生涯顧客化戦略

顧客1人（社）当たりの年間購入金額＝B×C

＜平穏土建（ひらおライフサービス）の事例＞

　でんかのヤマグチ以外にも同様な事例はあります。

　1998年冬季長野オリンピック後の公共工事の大幅な減少、落札価格の下落などにより、当時長野県内の建設業者は窮地に立たされました。そんな中、北信の山之内町にある建設会社「平穏土建㈱」は、役所の工事（公共工事）を実質的にすてて（技術力維持に必要な工事は継続）、民間の建築工事・メンテナンスサービスに集中しました。売上はオリンピック前の約8分の1に激減しましたが、2004年に開始した新規事業の「ひらおライフサービス」が会社の危機を救いました。

　「ひらおライフサービス」は、24時間365日いつでもどこでも駆けつける住まいの応援隊として、住まいのSOSに年中無休で即対応する会員制のサービスです（会費は無料）。従業員が毎日交代で「当番」となり専用の携帯電話を持ち帰り、通報を受け、排水管のつまりや水道管の修理など住まいのSOSに即対応します。サービスを利用した顧客は、今度はリフォームの依頼や新築の相談や依頼など、顧客の住まいのライフサイクルに将来の世代まで永続的に対応するビジネスモデルを創り上げました。公共の利益と会社の利益を合致させるとして始めた事業を、今でも全社員が一丸となって、地域密着・顧客第一の「ライフサービス」を展開しています。

3　顧客と商品の絞込み

＜ヤマト運輸の事例＞

　次に、個人宅配市場という新しい市場を創造する中で、顧客と商品を絞り込んだヤマト運輸の事例をみます。

　当時、「小口荷物は手間がかかり採算が合わない、大口荷物の方が合理的で得」という業界の常識が誤りだと気付き、1976年に宅急便事業が開始されました。実は、**1kg当たりの単価は大口よりも小口荷物の方が高かった**そ

うです。宅急便事業の開発は、固定観念にとらわれない若手社員を中心としたワーキンググループがその開発を進めたといいます。その後、1979年大口貨物から完全撤退し、かつ両立はかえって中途半端になるという理由から一番大きな得意先であった松下電器産業（家電製品の配達）との取引も解消し、背水の陣で宅急便事業1本に集中しました。さきほど紹介したスティーブ・ジョブズの**「何かを得たいなら、すてることだ」**を、ヤマト運輸は35年前に実行していました。松下電器産業を始めとする大口貨物の顧客との取引を解消した時は、でんかのヤマグチと同様に、業績が一気に落ち込みましたが、その後宅急便事業を背水の陣で進めたことにより、1980年の取扱個数は前年比150％も増加しました。そして、もう1つ共通点があります。それは、「単価アップ＝粗利益のアップ」です。運賃の安い大口貨物から撤退し単価の高い小口荷物に集中したことで売上と粗利益が増加しました。その結果、1980年の経常利益率は5.6％となり、損益分岐点を一気に越えたのです。このことは、会計マネジメントの視点から捉えると、「すてる＝将来収益（利益）獲得のレバレッジ」と表現することができます。

以下に一連の経緯をまとめたものを図で示します。

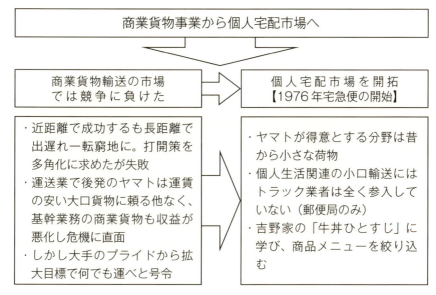

参考:『小倉昌男　経営学』(＊4)

　長距離輸送で出遅れ窮地になったときに多角化、それが失敗するとさらなら営業拡大目標で何でも輸送することにしましたが、やはりうまくいかず、赤字に転落するのは時間の問題となりました。商業貨物の市場でヤマト運輸は競争に負けたと自覚し、新しい市場として不特定多数の個人宅配市場の開拓を目指しました。ここで注目すべきは、ヤマト運輸が得意とする分野は昔から、小さな荷物であったということです。しかも個人向けの荷物の配送は百貨店配送として行ってきており、配送ノウハウもありました。

　しかし、百貨店配送は中元歳暮期（繁忙期）は荷物の出荷が異常に伸びますが、繁忙期以外の10ヶ月の仕事量では、繁忙期に対応して規模を拡大した設備のコストを維持しきれず、利益が出ない構造です。不特定多数の個人宅配市場は、このような構造的問題はなくなりますが、常時需要がある商業貨物と比べ、需要は多いもののまったく偶発的でつかみづらいから事業は不

安定といえます。これを打開するための鍵、つまり宅急便事業を成功に導くための鍵は、集配ネットワークの構築であるとし、取次店の設置、さらには全国規模の配達ネットワークが構築されました。

このようにして個人の顧客が宅急便を利用しやすい環境を創り、顧客起点での商品コンセプトができあがり、宅急便事業が開始されたのです。

宅急便事業開始の理由（「宅急便30年の歩み」）

1971年に社長になった小倉昌男は、ヤマト運輸が低収益である理由を追求します。そして、それまで業界の常識だった「小口荷物は、集荷・配達に手間がかかり採算が合わない。小さな荷物を何度も運ぶより、大口の荷物を一度に運ぶ方が合理的で得」という理屈が誤りだと気付いたのです。小倉は「小口の荷物の方が、1kg当たりの単価が高い。小口貨物をたくさん扱えば収入が多くなる」と確信し、75年の夏「宅急便開発要綱」を社内に発表しました。この要項には「基本的な考え方」として
[1] 需要者の立場になってものを考える
[2] 永続的・発展的システムとして捉える
[3] 他より優れ、かつ均一的なサービスを保つ
[4] 不特定多数の荷主または貨物を対象とする
[5] 徹底した合理化を図る
が記されていました。

この宅急便の原点とも言える「5箇条」をもとに、若手社員を中心としたワーキンググループが新商品開発を進めたのです。

そして76年1月20日「電話1本で集荷・1個でも家庭へ集荷・翌日配達・運賃は安くて明瞭・荷造りが簡単」というコンセプトの商品『宅急便』が誕生したのでした。

出典：ヤマト運輸HP

宅急便事業開始後、まったく業態がかけ離れた商業貨物の大量輸送取引を徐々に減らしていく方針を出しましたが、せっかく築いてきた商業貨物の取引先を切る必要はないのではないかという声もあがりました。そのような中、一番大きな取引先である松下電器産業との取引が解消されたのです。長距離便に出遅れたヤマト運輸にとっては、いろいろな事業部の商品を運ばせていただいてきた経緯がある中での決断です。これは宅急便が社運をかけた事業であり、背水の陣を敷いて臨むという象徴的なメッセージであったと思います。

　成功させるためには、徹底した業態化しかないと宅急便事業への一点集中が実行されたのです。

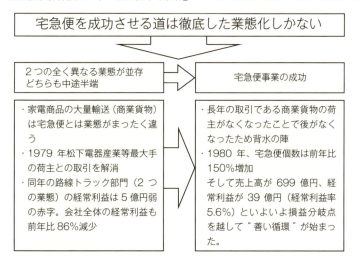

参考：『小倉昌男　経営学』（＊4）

"善い循環"を定着させるため、事業を安定軌道に乗せるために採った経営戦略が、有名な「サービスが先、利益が後」です。

ヤマト運輸の経営戦略

サービスが先、利益は後

↓ ↓

宅急便のサービスを始めるにあたり、3つの経営目標を立てた。
①ダントツサービス（ライバルを圧倒する差異化）⇒顧客の創造（筆者追記）
②社員のゆとりある生活
③安定した利益を稼ぐこと
最初の10年はダントツサービスの実行しか言わなかった。残りを指示しなかったのは3つの目標は相反する要素が多いため。サービスをよくすればコストが上がり、利益が減る。社員にゆとりを求め時短を実行すれば社員を増やさざるを得ず、結果、利益の減少要因になる。
会議でもダントツサービスのことしか言わず、「サービスが先、利益は後」と紙に書いて貼り出した。9年間実行し、ようやく定着するようになった。

出典：『日経トップリーダー』1995年11月号、「小倉社長インタビュー」

①のダントツサービスが実現できれば、おのずと②と③もついてくると思います。ダントツサービス実行の営み（歴史）は、次の図で確認することができます。

顧客起点による商品開発⇒ダントツサービスを実現

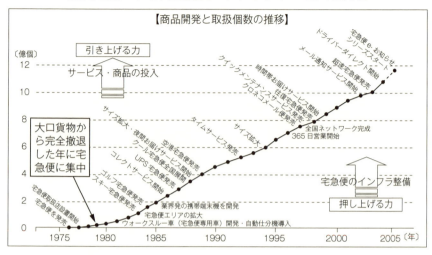

出典：ヤマト運輸 HP

　顧客起点の商品開発に当たっては、セールスドライバーも、営業マンとして顧客の欲求を把握しており、営業所等の全社員が顧客の喜びのために商品開発に取り組んでいます。結果、宅急便開始後、30年の間に17もの商品開発を実現しました。

　以上が、顧客と商品を絞り込んだ（すてた）事例になります。これら事例の共通のポイントは、以下になります。

すてることにより危機を脱出、強みを活かして、集中したことで、成長軌道を実現
逆にすてることができなければ、経営危機に陥り最悪の事態を招くおそれあり

　さて、ヤマト運輸の「宅急便事業開始の理由」の中に、イノベーション実現のための重要なキーワードがあります。

詳しくは ③ 永続マップの【Innovation Area】の項でお伝えしますが、キーワードと思われる箇所をマークしながら、お読みいただければと思います。

顧客は何を買いたいか

ここでも有名なドラッカーの言葉を引用します。

ドラッカーは「企業の目的は、顧客の創造である」とし、そのためには「マーケティング」と「イノベーション」という2つの経営機能を実践しなければならないとしています（*5）。

ヤマト運輸は、宅急便事業により、便利を求める顧客を創造しました。

「マーケティング」とは、顧客の欲求からスタートし、販売を不要にする行為であるとし、「イノベーション」とは、顧客に新しい価値・満足を生み出す行為であると説いています。

それでは、顧客の欲求からスタートするというのはどういうことか、ドラッカーは次のように述べています。

「自社が何を売りたいか　ではなく、
　顧客が何を買いたいか　である」

つまり、顧客が求めている価値・満足は何かを探し出す行為であり、特に未だ満たされていない欲求は何かを追求することが重要です。これが新しい価値・満足の創出、つまりイノベーションの起点になります。

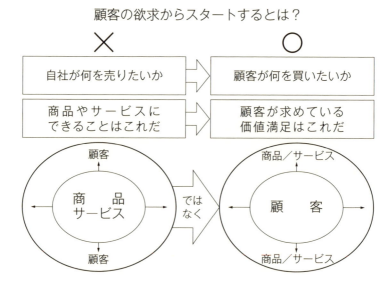

　どうしても売上を上げたいと思う時、売上予算を達成しなければと思う時、自社が売りたいものを売るという意識が働きます。もちろんそれで顧客が買う場合もありますが、往々にして顧客側にも「それなら安くして」という意識が働き、両者の思惑が一致する価格は安くなります。売上は上がるが、単価は下がり、それを補う数量が出なければ（おそらく困難です）、粗利益も減ります。さらにいったん安くした価格が市場価格を形成していきますので、もとの価格に戻すことは困難になります。また、自社起点で物事を考えていくことは販促等マーケティング活動に影響を及ぼします。例えば、勧誘に使うダイレクトメールで「今だけ」、「あなただけ」、「締め切り迫る」といった申込みをせき立てるような文言は、「自社目線（サービス提供者目線）」ですので、使用を控えるべきです。このようなことは、当たり前のことと思われるかもしれません。しかし、売上目標というノルマが重くのしかかっている状況では、陥りやすいことだと思いますので、一歩踏みとどまり、「顧客が中心」の活動に注力することが重要です。

顧客にとっての価値を価格に反映し粗利益を向上

1　顧客に提供する価値と価格設定（値決め）

　価格設定は、価値（顧客にとっての価値・他社と差別化されたもの）を反映したものでなければなりません。

　顧客にとっての価値を考える際に、消費財と、生産財やサービスとに分けて考える必要があります。消費財の場合は、他社との差別化が1つのポイントになるため、差別化の分かりやすさが必要です。そのために、薄さ、重量、容量といった分かりやすさの観点からの機能を強調しがちになります。しかし、このような分野は競争も激しいので、結果的に大きな差別化にはならないかもしれません。そうすると顧客が感じ取る創造的な価値（利便性、デザイン）が提供できるか、あるいは圧倒的な高品質（その商品に求められる本質的な機能）を提供できるかが競争優位（本当の意味での差別化）のポイントになります。例としてアップルやダイソンが生み出すような創造的で高品質な商品があげられます。そしてこのような商品は、レゴの事例でも述べたように、顧客との会話や顧客の使用場面の観察等を通じて生まれる価値と言えます。

その差別化は顧客にとっての価値を提供するものかを考える

　一方、生産財やサービスの場合は、顧客の抱えている問題解決につきるのではないかと思います。顧客の業務プロセスを分析し、問題点や課題を発見しそれを解決するための製品やサービスを提案する、顧客の利益が上がるような提案をすることが顧客にとっての価値の提供となります。また顧客が気

付いていない問題を解決できればより価値が高まると思います。そのために消費財と同様に顧客との接点を増やし、戦略的な共同プロジェクトを行うことも有用と思います。

　顧客の問題解決の事例としてよく取り上げられるのがキーエンスです。同社は、「付加価値の創造」こそが企業の存在意義であるとし、FA（ファクトリー・オートメーション）用センサーを中核とした分野に特化して、生産現場の生産性向上や品質向上、工程改善等に貢献する付加価値の高いソリューションを、製造業のあらゆる分野の顧客（20万社以上）に提供しています。プロの経営コンサルタントがするように顧客の話を聞き、生産現場の状況を診断し、生産性や品質、安全などを改善するための問題を解決します。すでに顧客が認識している問題だけではなく、気付いていない問題をも見つけ出します。このように顧客に密着したコンサルティング・セールスが強みです。

　また、把握した問題をデータベース化し、問題を解析し、類似の問題を解決するための処方箋としての商品企画・開発を行っており、世界初を連発する企画開発力も同社の強みとなっています。

　この結果、平成26年3月期の粗利益率は77.7%、営業利益率は49.3%と驚異的な数値を残しています（同社のホームページ等、公開情報に基づき記載）。

　もう1つ重要な点があります。

　それは、顧客の問題発見や解決ができる人財の存在と組織の連携体制です。

　顧客志向等の価値観の共有——計画的な人財育成、さらには全社員が顧客志向になるためのしかけ（例：営業と製造が二人三脚となって顧客の悩みをとことん聴く。）が重要なポイントになります。

　そして、消費財、生産財・サービスいずれにおいても顧客起点、顧客の欲

求把握が重要です。

マーケティングとは顧客の欲求からスタートするもの

　このような価値が提供できれば価格競争に巻き込まれることなく、有利な価格設定（値決め）が可能となります。
　価値は顧客にとっての価値ですから、価格以上の品質向上や総合的なサービスも価値になります。大事なことは「顧客にとっての価値は何か」、言い換えると「顧客は何が一番喜ぶか・何が一番うれしいか」をとことん追求すること、そして提案することです。でんかのヤマグチは商品を超えたところで究極のサービス（裏サービス）を提供し、他社に真似のできない価値を提供しています。
　そのような価値を前提とした価格設定（値決め）の重要性は、言うまでもなく経営の最重要事項です。これによって、粗利益が決まり、また、ポリシーのない価格設定によって顧客との信頼関係が壊れることにもなるからです。

　京セラの稲盛名誉会長が言われていますが「値決めは経営である」という言葉には重みがあります。高すぎれば売れず、低すぎれば売れるものの手元に利益（キャッシュ）が残らないか持出しになります。よって、その間のベストな価格を探すことになります。それが、「顧客が喜んで買ってくれる最高価格」ということになります。それを実現するためには、営業がどれだけ顧客の立場に立って心理を読めるか、製造や購買がどれだけコストダウンできそうか、設計・開発は仕様の調整等でどれだけ所要のコストを抑えられるかといった全社的視点での判断が必要になります。つまり、営業・製造・購買・開発等値決めに関わるすべての関係部門の状況を掌握した上で、最適かつ最終的な判断が下せるのは経営者の仕事（経営上の意思決定）であるという

ことです。時には取引の将来性を考え戦略的な値決めをすることもあるでしょうし、時には社員を成長させる機会と捉えて受注することもあるでしょう。これらもすべて経営上の意思決定であります。

　ドラッカーは、価格設定の唯一健全な方法とは、「市場が快く支払ってくれる価格からスタートすること」だと述べています。さらに花王・中興の祖、丸田芳郎氏は「品質を向上させながら、消費者の求める価格を実現することが叡智の結集です」と言われています。

　くどいようですが、顧客にとって価値の明確化と価格設定（値決め）は、経営の生命線ですので、全身全霊をかけて行うべきものです。

2　粗利益額の目標設定

　粗利益額の目標の意味は、率を意識しすぎると売上減少、結果的に粗利益も減る可能性があるからです。また粗利益を目標にすることにより、全社最適のきっかけになります。

- 営業：製造が品質を向上してくれているので、価格を少しでも値上げしよう
- 購買：営業が厳しい競争にさらされているので、集中購買等で原価を下げよう
- 製造：顧客ニーズが価格よりも納期に移行しつつあるので、プロセスを見直して短縮できるようにしよう

　改めて言いますと、
　粗利益の根幹は、顧客の創造（顧客の数、購買回数など）と値決め・価格設定です。
　顧客の創造のためには、自社の強みを活かせる顧客をターゲットとして設定し、顧客にとっての価値を提供し、さらに顧客が購入してよかったと思う

ようなサービスを付加し、他社との差別化（ダントツの満足度）を実現する。この３つの要件が最重要です。B to C（小売など）では、この価値には価格（品質や性能との相対的な価格）も含まれます。

- ターゲットの設定を誤らない
- 顧客にとっての価値を明確にし、上手に訴求する
- 他社との差別化（ダントツの顧客満足度）を実現する

 変化の把握スピードと対応スピード（環境変化への対応）

　ダーウィンは、

「最も強い者や最も賢い者が生き残るのではない。唯一生き残ることが出来るのは、変化できる者（環境の変化に適応できる者）である」

と述べています。それでは環境変化に対応するためにはどうすればよいか。
　日本電産の環境変化対応スピード経営にその答えがあります（*6）。
　日本電産では、世界にあるグループ企業230社の前線の営業員等から、毎週、社内で「週報」と呼ぶ市場メモを集め、市場の変化をつかんでいます。週報は、前線の営業員やメンテナンス部隊、開発技術者が、顧客やその取引先との付き合いの中で見聞きした市場の変化や顧客の動向（エンドに近い情報）を書いたものです。この市場の生の動きを書き込んだ週報が、毎週土曜日に、世界中から永守社長の元に届き、日曜日の朝から返事・指示を出されています。「世界のいろんな市場の小さな動きまで、あらゆることに目を光らせている」、「だからこそ即座に方向を変える決断ができる」（永守社

長)。

　2013年から2014年にかけて、パソコン市場（精密モーター）から、「車載及び家電・商業・産業用」市場への大胆な転換を行い、見事V字回復を成し遂げていますが、これも、日ごろの情報収集と長期的視点から導かれる結果と言えます。

　長期的視点でものごとを考えるためには、今起きている出来事に対する判定力が必要とも言われています。

　予測が困難な時代だからこそ、現場で顧客の声を聴く・分析する・仮説を立てる。これらを組織的に行い、経営者が迅速に経営判断し猛スピードで実行する。これが環境変化への対応のポイントだと思います。

環境変化による仮説の設定とそれに基づくPDCA

　また生情報に現場なりきの分析・仮説があって、はじめて強いミドル（管理職）になると思います。なぜなら経営者が下した判断・指示との差異を検証することによって、次に向けた分析力・判断力が高まり、経営者目線に一

歩近づくことができます。また、経営者が適切な判断が下せるのも、情報が新鮮かつ精度が高いからだと思われます。常に高いアンテナをはりめぐらせ、感度をあげ、意識を高く持ち続けている現場社員の存在が大きいことは言うまでもありません。永守社長は、「人間は、能力の差は5倍つくが、意識の差は100倍つく」とし、社員の意識を変え高く持続させることがポイントと言われています。人の意識・やる気については、詳しくは でみることにしますが、現状に満足しないために、現状維持にならないように、危機意識を持つことが重要です。

環境変化への対応意識（危機意識）

「今までと同じことをしていたら、今までと〇〇結果が出るだけ」
⬇
環境が大きく変化しているので、「今までより〇〇結果が出る」

〇〇の中にどんな言葉を入れられたでしょうか。

最初の〇〇が「同じ」、次の〇〇が「悪い」になります。
だからこそ、高い意識を持ち続けて実行することが大事です。

★今までと少しでも違うことをする（質）
★今まで以上のことをする（量）

営業費の有効な管理

　粗利益から営業費（販売費及び一般管理費）を差し引いたものが営業利益になりますので、営業利益増加のためには、営業費の有効な管理が必要になります。
　本書では有効な管理を行う前提として、営業費を次のように分類します。

営業費＝人件費＋運転経費＋戦略コスト＋未来費用

1　運転経費の定義

　まず、運転経費という用語を設定する意味を説明します。
　それは販売費及び一般管理費という大科目では、売上高に対する販売費及び一般管理費比率（いわゆる販管費比率）を〇％以内に抑えるという目標管理がなされるからです。
　そうなると戦略コストや未来費用が統制（削減管理）の対象となり、さらに最悪は、人件費までもが削減管理の対象になるおそれがあります。これでは将来のための研究開発や人財投資を、自らの手で捨ててしまうことになりかねません。

　したがって運転経費は、次の算式で表します。

運転経費＝販売費及び一般管理費－人件費－戦略コスト[*1]－未来費用[*2]

＊1 戦略コスト＝環境変化への対応コスト（攻めと守り）
＊2 未来費用＝研究開発費＋教育研修費
　　　　　　なお、＊1、＊2のいずれにもマーケティングコストを含みます。

営業費比率（販売費及び一般管理費比率）の統制では、将来の戦略が打てない
コストダウン（CD）だけでなく、コスト有効性（CE＊）を高める

　　＊CE：Cost Effectiveness

　コスト有効性を高めるとは、そのコストをかける目的を実現するために、戦略や業務と一体的にコストをマネジメントして、効果や成果を上げることです。

　つまり、
- 運転経費であれば費用対効果を高めることであり
- 戦略コストであればねらった成果を生み出すことである。

それでは、コスト有効性CEについてみていくことにします。

2　運転経費のコントロール

　運転経費として、管理するということは、コストを一定水準以下に収め（予算管理を行い）可能な限り費用対効果を分析し、有効な支出になるようにコントロールすることが必要です。また、経営環境が厳しいときは、一層コストの削減に努め、別の方策をとるなど工夫することが必要です。

　新規顧客の開拓コストは、既存顧客の紹介による顧客獲得コストの5倍かかるといわれています。例えば、DM、広告、展示会出展などの販売促進費になりますが、その支出に当たっては費用対効果が上がるよう工夫すべき費

用です。
　一方で、既存顧客の満足度・ロイヤリティを向上させ、紹介していただくことにより、新規顧客を増やしていくことが理想です。つまり、顧客に、自社の営業マン的な存在になっていただくわけです。
　ある建設会社では、新聞折込チラシは廃止、モデルルームも持ちません。引渡し前の新築住宅をお客様の了解を得てモデルルーム代わりに使わせていただき、内覧会を行っています。案内状は社員が手分けして近隣住民に手渡しで配布しています。このことにより、新規顧客開拓コストを大幅に削減できています。これも顧客満足向上に努めているからこそできることであり、顧客満足の維持・向上の重要性が改めて確認できる事例といえます。

　また運転経費のコストダウンを上手に行っている事例があります。
　運転経費は、予算管理・業務改善・効率化により可能な限りコストダウンすることが重要です。業績のいい会社は、往々にして運転経費の大半を占める本社費（一般管理費）を倹約（本社が質素）しています。そのようにして、経常利益が予算クリアしたら、決算賞与（業績連動賞与）を出しています。例えば、経常利益率をクリアしたらその水準によって、賞与を支給する。そうすると従業員は、無駄を省き、自分にできることは進んで行い創意工夫をする。毎月の全体朝礼で、利益率の公表を行い、目標達成意欲・改善意欲をかきたてている事例です。一方で留意すべきは、それが不足すると毎日の業務に支障が出てしまう備品や設備に関しては、補充や買替え・修繕等を放置すると、従業員のやる気に影響を与えますので、予算として前もって（余裕をもって）計画することが重要です。また、顧客対応上必要な費用（店舗であれば内外の清掃等）も予算化しておくことが必要です。

3　戦略コストと未来費用

戦略コストは、先に、「環境変化への対応コスト（攻めと守り）」であると定義しました。

- 環境変化への対応コスト（攻め）
　環境変化を機会と捉え、成果を生み出すためのコストであり、開拓・開発の準備を進めていたターゲット市場に一気に攻め込むための費用といえます。例えば、新規市場開拓のための製品の開発コスト（量産化＆品質向上等）や販売促進費です。

- 環境変化への対応コスト（守り）
　来期以降に損失要因を繰り越さないための構造改革的な費用といえます。つまり、需要の減少など市場の変化に適合できなくなる資産を減額した場合の損失等がこれにあたります。具体的には、収益性の低下した過剰在庫の評価減、将来の収益を獲得する見込みが乏しい固定資産の減損損失などです。

未来費用は、将来の収益基盤を創り、持続的成長を実現するための費用です。その性格は、毎期、一定の水準を計画し、継続してかける費用です。短期的な収益確保という名目で、中断・中止してはならない費用です。
　よって、将来収益のための研究開発費、会社の成長を担う人財育成のための教育研修費は代表的な未来費用であり、また顧客の創造（生涯顧客化など）のためのマーケティングコストも未来費用といえます。

未来費用は、基本的に一定水準を維持・継続することが重要であり、予算化しておくことが必要です。

研究開発費は 3 で、教育研修費は 5 で解説しますので、ここではマーケティングコストについて説明します。

＜でんかのヤマグチのマーケティングコストの事例＞

先の、でんかのヤマグチの事例においては、毎週末に実施する上得意先への感謝イベントの開催費用（景品・食材費など）がこれに当たります。これにより既存顧客の生涯顧客化（家族も含めた将来顧客の創造）や評判による新規顧客の開拓を図っています。イベントは年間計画に組み込まれているので、年間予算にも設定されるものです。

顧客の創造（生涯顧客化）は、いわゆる顧客ロイヤリティを高める活動ともいえます。

例えば、製品購入後の無料点検や無料診断、1日フルサポート、お客様感謝デー、○○シリーズお役立ちセミナー、○○教室などがあげられます。

地道に感謝の気持ちを具現化する活動が重要です。

また未来費用は、かけるべき予算がかけられているか、また予算の見直しが必要か否かを判断するために、通常の財務会計科目による予算化でなく、管理会計用の費目で予算化しておくことが必要です。

以下は冷蔵・冷凍用宅配便の商品開発（業態開発）の例です。

あくまで管理会計のイメージをもっていただくための例です。

〈冷蔵・冷凍用宅配便開発予算（C商品戦略予算）〉

戦略予算科目	内訳科目（主な例）
C商品開発費予算 XX	人件費【C商品関係XX】（プロジェクトチーム人件費）
	設備購入費【C商品関係XX】（実験用冷蔵庫等）
	消耗品費【C商品関係XX】（実験用蓄冷剤等）
C商品マーケティング予算XX	広告宣伝費【C商品関係XX】（CM費用）
	印刷製本費【C商品関係XX】（チラシ代）

4　人件費の最大有効活用（有効な時間配分）

　人は企業の最大の資産です。したがって、人件費の管理ではなく、どうすれば最大に有効活用できるのか、ここでは工数（時間）に着目して説明します。やる気を高める等モチベーションのテーマについては、5 で取り上げます。さてヤマト運輸の例でいえば、クール宅急便のプロジェクトチームを作ってから、その研究結果をもとにテスト販売を始めるまで約2年間研究開発を行ったとされています。

　研究開発など会社の戦略プロジェクトを遂行するにあたり、予算の中でも大きなウェイトを占める人件費の管理は重要です。具体的には、業務別の工数（時間）管理がポイントになります。なぜなら、人件費が最も大きなコストであり、経営戦略・経営方針に沿った人材の適切な配置（組織やプロジェクト）と、経営資源の1つである時間の有効な配分がなされなければ、戦略の実現・目標の達成は困難であるからです。つまり、部門別、社員別に通常業務、戦略的な業務、新規の開発業務についての有効な時間配分（業務別の時間配分）を行うことが重要です。

　そして、その前提となるのが、人をどこに割り当てるのかという人的資源の配分です。うちの会社は大手に比べ優秀な社員が少ないからと嘆く経営者もいらっしゃいますが、ポイントは強みを発揮できる場所（業務）に割り当

てることです。社員はミッションを与えればやる気になります。多少の能力不足があってもやる気（意識）がカバーします。ここぞという戦略の実行に人財を投入しなければ成果は出ません。

　戦略コストについては、効果の検証により見直しも必要ですが、基本的には予算化したものはその通りにコストをかけないと効果は出ません。社員の業務時間の配分も同様です。ミス・クレーム・トラブル等の突発的な業務に時間がとられることのないよう、通常の業務は、業務品質を一定の水準に保ち（過剰品質にならないよう留意が必要）、一方で、業務のスピードアップ、効率化が必要です。

業務時間の配分計画

★ポイント：Bに時間をかけることが将来につながる（将来のための投資活動）
　具体的には、研究開発のための活動、人財育成のための教育訓練活動など

		緊　急　性	
		高　い	高くない
重要性	高い	A	B
	普通	D	C

（B欄の右側：研究開発活動／教育訓練活動）

　A：環境変化に対応するための戦略的な業務（構造改革的な業務）
　B：未来のための基盤を創る業務
　C：通常の業務
　D：ミスやクレーム等突発的な事項への対応業務（本来あるべきでない業務）

業務計画を立てるにあたり、上記のＡ、Ｂ、Ｃの業務配分を計画することが重要です。

特にＢの未来を創るための業務は、年間の時間を予め確保しておくことがポイントです。

そのためには、Ｃの通常業務の業務の効率化や、Ｄの突発的な事項の回避に努めることが必要です。

2 のまとめとして、運転経費、戦略コスト、未来費用の管理ポイントを示すと次のようになります。

> ⅰ．人件費を除く販売費及び一般管理費については、運転経費、戦略コスト、未来費用の３つに大分類し、それぞれに予算設定する。戦略コストと未来費用については、管理会計用の予算を設定する。
> ⅱ．運転経費は、主に予算統制により管理し、必要により費用対効果も分析する。
> ⅲ．戦略コストは、その戦略の目的がどの程度達成ができたか、効果があったかについて分析・検証する（例：販売促進費の結果、新規の顧客はどれくらい獲得できたか等）。
> ⅳ．未来費用は、一定水準の予算と活動の持続性を維持する。
> ⅴ．人件費については、業務別に有効な時間配分を行う。
> **⇒Ａ戦略的な業務、Ｂ未来のための業務、Ｃ通常業務**

上記ⅴ．の業務別の時間配分に取り組んだ事例を紹介します。

ある有力な中堅メーカーの設計部門における事例です。

受注生産の製造業にとって、ある意味、設計業務は生命線の業務ともいえます。なぜなら、顧客の要求を設計仕様書に落とし込み、それをもとに購買業務や製造業務がなされるからです。いかに正確にかつ迅速に設計業務を行うかがポイントです。

この会社では、まず業務を分析し、以下の業務についてその業務比率の目標を設定しました。
・戦略的な製品の開発（A）
・社員教育及び設計業務の標準化のための業務（B）
・受注設計（C）

この活動のスタート時は、Cの受注設計が約2/3を超えていますが、2年後には、AとCの比率を同じ数値目標に設定しました。この高い数値目標の実現に向け効率化、標準化に取り組んでおり、ほぼ計画通りに進捗しています。

また上記以外に業務を効率化するため、手戻りの比率も測定し、改善を行っています。

戦略的な製品の開発については、受注設計の過程での顧客のニーズ（QPS）を分析した中で、次の収益の柱にすべく標準的な機械装置（オプションあり）の開発・販売を行っています。

2 参考文献
- (*1)『スティーブ・ジョブズ脅威のイノベーション』カーマイン・ガロ（著）日経BP社（発行）
- (*2)『レゴはなぜ世界で愛され続けているのか』デビッド・C・ロバートソン（著）日本経済新聞出版社（発行）
- (*3)『ヤマダ電機に負けない「弱者の戦い方」』 月刊『技術営業』編集部（著）株式会社リック（発行）
- (*4)『小倉昌男　経営学』小倉昌男（著）　日経BP社（発行）
- (*5)『現代の経営』P・F・ドラッカー（著）　ダイヤモンド社（発行）
- (*6)『日経ビジネス』2013年11月4日号　「会社の寿命」日経BP社（発行）

3　永続マップの【Innovation Area】

　イノベーションの定義について再確認したいと思います。
　イノベーションとは何か。一般的には技術革新と訳されることが多いようです。
　初めてイノベーションを定義したのはシュンペーターです。
　イノベーションとは、新しいものを生産する、あるいは既存のものを新しい方法で生産することであり、生産とはものや力を結合することと述べており、イノベーションの例として、①創造的活動による新製品開発、②新生産方法の導入、③新マーケット（新市場）の開拓、④新たな資源（の供給源）の獲得、⑤組織の改革などをあげています。また、いわゆる企業家（アントレプレナー）が、既存の価値を破壊して新しい価値を創造していくこと（創造的破壊）が経済成長の源泉であると述べています。
　一方、ドラッカーは、「顧客に新しい価値・満足を生み出すこと」と定義しています。
　最近では、米経営学者のゲイリー・ハメル氏が「something new and valuable」と再定義し、「これまでにない斬新さがあり、しかもそれが経済的、社会的価値を生み出すこと」としています。すなわち技術だけではなく、サービス、ビジネスプロセスなどすべてがイノベーションの対象になり、あらゆる産業がイノベーションの担い手になるということです。
　三者に共通なイノベーションの定義は、「新しい価値を生み出すこと」であると思います。本書ではこれに基づき、「市場・顧客に新しい価値を生み

出すこと、新しい価値を提供すること」と定義し、以下説明していきます。

それでは、イノベーションを実現するために必要な研究開発についてみていくことにしましょう。

1　成長の種まき（研究開発への投資）

前章で未来のための業務割合を一定水準確保しておくことが重要だと説明しましたが、本章で詳しくみていきたいと思います。一定水準を確保するための段階として、会社の規模等に応じて3段階のステップが考えられます。

まずは業務時間です。
持続的な成長を実現するためには、将来のための成長の種まきを日常業務に組み込むことが必要です。なぜなら、とかく目の前の業務が優先となり、忘れられる可能性があるからです。ですので、会社の方針あるいは奨励として、種まきの時間割合を示すことが重要です。

次に、研究開発部門の組織化とその人数です。
グローバル化、ITの進展により、技術革新やサービス革新がもの凄いスピードで進んでいます。ですので、研究開発に従事する人材の確保は重要です。一定の企業規模に達し次の成長ステージに向かう際は検討することが望ましいです。

3つ目は、売上高に対する研究開発費用の割合です。
時間と人の確保が最も重要ですが、基礎的研究（難易度の高い研究など）を進める上では、相当の設備などが必要となり、お金がかかります。したがって、どのようなイノベーションを実現したいのかによって、そのために必要

な研究開発費用もおのずと決まってきます。

　時間と人とお金をかければ、必ずイノベーションが実現できるかというと、必ずしもそうではありません。しかしこれらの経営資源がまったくなければ、イノベーションは実質不可能かと思いますので、必要条件といえます。十分条件は何か、それは新製品を開発する「人」です。人次第なのです。人の気持ち・意識・行動にかかっていると思います。楽しさやわくわく感、やる気・使命感と、あきらめない粘り強さ・実行力、これらにかかっていると思います。詳しくは 4 でみることにします。

研究開発推進の３段階

３段階で研究開発の推進		
時　間	研究開発の時間（割合）	
人	研究開発の人数（割合）	
お　金	研究開発の費用（割合）	

　まず時間割合についての事例です。
　研磨材原料の採掘失敗に始まり、ポストイットやセロファンテープなどで成功した3M。3Mの新規事業誕生の源は、Googleも見習って採用したとされる15％カルチャーです（Googleは20％ルールを採用）。これは、社員が仕事時間の15％を自分の好きなこと（研究）に使えるという制度です。その背景には、失敗なしには成功はないという考えがあります。
　この好きなこと・やりたいことというのが、心理学者マズローの５段階欲

求説の5番目欲求「自分の能力や可能性を最大限に発揮したい・創造的な仕事がしたい」と同じであり、15%カルチャーがその具体的な実現方法になっています。これがあるから商品の改善・改良、新商品のアイデアがたくさん生まれるのです。

あの本田宗一郎さんも「やりたいことをやれ。」と言われています。

また3Mは、15%カルチャーの運用を実のあるものにするために（アイデアを実現するために）、新製品売上比率を管理指標に設定しています。指標が悪ければ罰点がつく。のんびりと自由な研究をやっていれば何も言われないということではありません。一定の自由を与えるからには、一定の規律も求めているのです。そのことによりいい意味での緊張感を作り出すことができています。

次に、研究開発の人数割合です。

年輪経営で永続を目指し、結果として48年間増収・増益の伊那食品工業は、研究開発部門の人数に全従業員の1割を割り当てています。これは、同社の経営方針の1つである「成長の種まきを怠らない」に基づくものであるといえます。

同社の塚越会長は、業種に関係なくすべての企業は研究開発型になるべきと言われています。また「メーカーなら商品開発が考えられるが、商品開発でなくても、商売の仕組み、やり方、業態開発も立派な研究開発である」、「少し負担になる位多い人材（例：全従業員の1割）を割くことで研究開発型になる。まずは形・基準をつくることが大事である」とも言われています。

伊那食品工業では、「成長の種まきを怠らない」方針に基づき研究開発に力を入れ、寒天の成分を生かした様々な用途を開発しています。当初は、業務用寒天からスタートしましたが、ブランド化した「かんてんぱぱ」等の家庭用食品、さらには、外食、介護、バイオ、医薬、化粧品等、様々な用途を開発し、多様な分野で顧客を創造しています。

ちなみに、坂本光司研究室の調査結果によりますと、景気超越企業（景気の影響を受けない高業績企業）の平均は、研究開発に携わる技術者・研究者の人数が全従業員の1割以上という結果が出ています (*1)。

3番目は、売上高に対する研究開発費の割合です。

景気超越企業は最低でも2％程度、平均は5％程度以上となっています (*1)。

先に紹介した日本電産は、大幅な需要減に見舞われた年も含め、コンスタントに約5％程度を維持しています。また、後ほど説明します未来志向の長寿企業であるデュポンは6％を維持、金融危機の間も研究開発費を削ることはありませんでした。研究開発費用には、管理上、研究費から新製品の量産化（品質向上を含む。）のための開発費用までのすべてを含みます。なお、本書では、研究開発費のうち、新製品の量産化のための開発費は、成長を実現するための「戦略コスト」と位置づけています。これは長期的な観点から成長の種まきとして売上の一定割合を維持すべき研究開発費とは性格が異なり、翌年度からの収益向上を期した覚悟をもって支出するコスト（かけるべき時にかけるコスト）になります。

事例の最後として、アマゾンの事例を紹介します。

1994年の創業以来、1997年に赤字のまま上場し、営業黒字に転換したのは6年目の2002年。その間、なかなか収益化せず、累積赤字が1兆円に達していました。しかし、オンライン書店事業が、「在庫管理能力」と「レコメンド機能」の2つの強みにより軌道に乗ると、怒涛のように売上を伸ばし、2013年の売上高は744億ドル（約7.2兆円）、それまでの5年間で売上は約4倍になりました。また研究開発費に相当する「テクノロジー＆コンテンツ」費用は、同じ5年間で約10億ドルから約65億ドルと約6倍（売上の伸び率を上回る）に増えています。このように儲かった利益は毎年研究開発投資に回しているため（キンドルやクラウドサーバーへの投資など）、売上高研究

開発費比率は7%〜8%と高水準になっています。反面その結果として、営業利益率はリアル書店（5%程度）よりも低い水準になっています（2008年〜2010年は4%台、2011年に2%、2012年及び2013年は1%）。一方、投資財源となる営業キャッシュフローは、2013年までの5年間毎年増加させています（売上に占める比率は7%〜10%台）。

　短期の損益にこだわらず、長期的な収益獲得を重視する成長戦略が、2012年は最終赤字にもかかわらず、創業以来の時価総額最高水準を実現させています。

　ジェフ・ベゾスCEOは、専門誌のインタビューで次のようにコメントしています（DIAMOND『ハーバード・ビジネス・レビュー』「経営の未来」March, 2013）。

長期志向であることが利害関係者の利益につながる

　『長期志向であれば、顧客と株主の利益を両立させることができます。短期志向では常にそうなるとは限りません。7年後に実を結ぶ種を蒔くのが好きです。常に、2, 3年で主要な財務業績を達成する必要性に迫られていたなら、キンドル、アマゾン・ウェブ・サービス、アマゾン・プライムのように、私たちが導入した最も意義あるサービスの一部はけっして実現しなかったでしょう。

　また将来のため積極投資を行う長期志向は、財務のポリシーにも表れており、利益率よりもキャッシュフローを重視しています。「私たちが最適化しようとしているのは、利益率ではありません。（中略）フリー・キャッシュフロー（*）は投資に回せますが、利益率は投資の役に立ちません」。

　（*）営業キャッシュフローから投資を差し引いたもので、会社が自由に使えるお金

毎年一定水準の研究開発と戦略投資を継続的に行うことにより、長期的な利益獲得構造を構築している代表例といえます。

2　研究開発の管理のポイント（時間軸）

　研究開発は、短期、中期、長期のバランスが重要です。短期の開発だけに走れば他社を凌ぐ革新的な商品は生まれず、市場へ投入しても早晩価格競争に巻き込まれます。一方、長期の基礎研究が主体では研究部門は金食い虫のままです。実用化間近の製品ばかりに投資したら失敗しますし、未来技術に偏ってもいけません。革新的なイノベーションの観点から中長期の視点を基軸にしつつ、短期的視点（環境変化への対応）も併せ持つこと、すなわち、短期と中期・長期のバランスが重要です。

　バランスとそれぞれの役割について、例えば次のように考えることができます。

短期開発（30%）	既存市場における市場・顧客ニーズに即応できる新製品の開発
中期開発（40%）	新規市場・顧客を開拓できる新製品の開発
長期開発（30%）	未来の事業の柱になりうる全くの新製品・新技術の開発

　括弧内の％は、毎期の研究開発費（資源）の配分です。例えば、長期は固定し、短期と中期で配分を調整していくことも考えられます。

　短期開発は、短期間に変わりやすい、市場や顧客のニーズへの対応であり、スピードが求められます。ある意味、既存市場の評価維持、既存顧客の満足度維持向上という側面もあるため、短期に開発できる・短期に開発すべ

きテーマに絞るべきです。また組織的にも営業や製造等の現場に隣接したライン部署として開発（設計）することが求められます。

　中期開発は、新たな市場や顧客の開拓であり、第2の事業（製品）の柱に仕上げるという明確な役割認識が必要です。また、環境変化を予測し先行して開発に着手・準備しておくことが重要です。要求される品質や技術レベルが高いことも想定されることから、M&Aによる対応も考えられます。

　長期開発は、世の中にとって新しい製品や技術を目指していく位置づけであるため、未来のために成功するまで研究開発を続けるという明確な会社の意思が必要です。そのことにより社内（他部門）の理解・協力が得られ、担当者は研究に安心して専念することができます。

　これら、短期、中期、長期それぞれの開発領域は、いずれもCustomer Satisfaction Areaとの結びつきを意識すべきところになります。つまり、短期開発は環境変化への対応、中期・長期の開発は、顧客の未充足の欲求や未解決の問題、顧客自身が気づいていない欲求等への対応という相関関係です（15ページの図のBの矢印参照）。

　長期開発のための環境を整備し、世の中にない商品を生み出している企業の事例を紹介します。

＜イトーキの事例＞

　オフィス関連事業等のイノベーターで2015年に創業125年を迎えるイトーキは、2012年11月に本社開発拠点として「イトーキ東京イノベーションセンター SYNQA（シンカ）」を開設しました。初年度投資額は約10億円（ショールーム等の年間賃借料も含まれます。）。長期的に事業を存続させるには、今、投資しないと未来がないとして投資を実行しました。歴代の経営者は、事業を引き継いだら目先の利益を追わずに、思い切った成長戦略を描いて次

世代に引き継ぐことを最優先にしています。これがイトーキのDNAとなっています。常に、自分の次の代の商売の種を育てるため、「世の中にない商品」を生み出すことを至上命題とし、日本で初めてホチキスを開発、その後、和文タイプライター、耐火金庫など数々の新商品を開発しています。

長期開発（重要テーマの継続）の事例は、次の項でみることにします。

研究開発の管理のポイント

短期・中期・長期のバランスと役割・方針の明確化が重要

	2014〜	2016〜	2018〜	2020〜	2022〜	方針
短期的開発〈既存市場ニーズ対応〉	→	→	→	→	→	スピード重視＆テーマ絞込み
中期的開発〈新市場開発等第2の事業の柱〉	→	→	→	→		変化への準備＆開発スピード
長期的開発〈未来の事業の柱〉	→					会社の意思
売上高研究開発費比率	○%	○%	○%	○%	○%	左記比率における長期の構成比は一定とし、短期ー中期は毎年見直す

3　重要な研究テーマの継続化（強みの磨き上げ）

次に研究テーマの継続性の重要性について説明します。

研究開発費売上比率は重要ですが、お金をかければ成功する訳ではありません。「できそうもないと思われることをあきらめずに頑張り続ける」ことが大事です。

1900年代前半、当時アメリカ最大の航空機エンジンメーカーであった「カーチス・ライト社」の失敗事例です。

当時、研究開発費は業界1位でしたが、2年以内に採算がとれないプロジェクトは中止という基準を設けていました。そのような短い期間では完成度が高い新型機の開発はできず、結果として、業績不振に陥ったという事例です（研究開発費のマイナスレバレッジが働いたといえます。）。

大事なことは、長期的な時間軸（例5年～10年）を設定してやり続けることです。

経営の神様と言われた松下幸之助さんは、成功の秘訣は「成功するまで諦めないことだ」と言われました。

次に研究テーマの継続に関して、対照的な事例を紹介します。

電気自動車EV1の開発を止めたGMと、40年赤字でも炭素繊維の開発を続行した東レです。

＜GMの事例＞

1997年に発売した世界最先端の技術を詰め込んだ電気自動車「EV1」。その開発・生産販売を諦めずに続けていたら、破綻せずに済んだかもしれません。目先の売上利益が上がる採算のよい大型車の販売に注力し長期的な成長力を自ら捨ててしまったともいえます。背景には、短期的成果を求める市場（株主・投資家）に対して、巨額の開発費用負担を説得しきれなかったと言われています。

最終赤字でもコンテンツ開発の将来性・成長性を市場が評価したアマゾンのケースとも好対照です。こうしてみると、株主・投資家等ステークホルダーへの説明責任・説明能力も重要な課題であるといえます。

＜東レの事例＞

東レは、40年間赤字の炭素繊維事業を継続した結果、今があるということができます。

炭素繊維は、1961年に発明した日本発の技術です。71年に世界で初めて量産化しましたが、利益に結びつくにはほど遠く、巨額の研究費（1,400億円）を費やし、ずっと赤字の状態が続いていました。

　しかし長年の苦労が実り、2006年に米国ボーイング社向け長期包括契約（＊）を締結するなどして業績が上向き、2011年3月期に黒字が定着するまで、1961年に発明してから50年かかりました（＊B787向けに2021年までの炭素繊維複合材料の長期供給に関する包括的正式契約）。また炭素繊維はユニクロのヒートテックにも採用され（共同開発）、炭素繊維事業の安定的な成長を揺るぎないものにしました。結果、全事業の中で、営業利益率が№1の事業に成長しています（2014年3月期は、営業利益が会社全体の50％を占めるNo.1の繊維事業の営業利益率7％に比べ、炭素繊維事業は15％、売上高も1,000億円を超えた。）。

　炭素繊維は米デュポンなど欧米大手も参入しましたが、赤字により数年で撤退しました。東レは、繊維事業やプラスチック・ケミカル事業等の主力事業の安定収益というバックボーンがあったとはいえ、長期にわたって赤字事業を続けました。事業が花開くまで半世紀近くを費やす『50年経営』。短期の収益を犠牲にする代わり、結果的に他の追随を許さない事業を育て上げました。

　後ほど事例にあげるデュポンは、祖業の火薬、繊維からM&Aでバイオ技術（食料、脱化石エネルギー）に進出しました。対照的に東レは繊維から枝を伸ばして新事業を作ります。次の50年を支える事業のタネを花が開くまで育て続けることが東レのDNAといえます。

東レの炭素繊維にみる「イノベーション50年経営」

事業が花開くまで半世紀をかける50年経営

⬇

① 繊維は、いくつもの事業を育てる基幹事業

② 世界の競合他社が数年で撤退する中、目処がつくまで40年継続

③ 2014年3月期営業利益率は10％を超え、利益率No.1の事業に成長

4　アイデアを出す仕組みと新規開発

　イノベーションのアイデアを継続して出し、それを実現していくための仕組みについて考察します。53ページで紹介した3Mの15％カルチャーもその1つといえます。

　ここでは、未来工業の事例を紹介しながら、その仕組みについて考えてみたいと思います。

　創業以来、赤字になることなく黒字を続け、経常利益率もコンスタントに10％以上を維持している未来工業は、1年間に1,000点もの新商品を開発しています。なぜそれができるのか。それは、社員が開発することにやりがいを感じて楽しんで仕事をしているからだと思います。

　これを可能にしている仕組みを2つ紹介します。

　1つ目が、権限と責任の委譲です（*2）。

未来工業では、製品開発は、テーマごとに担当者が勝手に始めて完成品まで仕上げます。その製品については、開発権限も責任もすべて担当者のものです。したがって、担当者が製品の方向性をAかBかで迷っていても上司は口出ししません。口出しすればそれを口実に上司に対して責任転嫁する余地が生まれてしまい、一番は、担当者個人の問題解決能力、判断能力が身につかないことが最大の理由です。

　「仕事を任せるから、社員がプロフェッショナルになる」というわけです。

　2つ目は、ホウレンソウ（報告・連絡・相談）の禁止です（*2）。

　ホウレンソウは「管理」の始まりだと言います。上司相手に話す場合、社員は萎縮するし、突拍子もない企画や着眼点が出てくるはずもない。アイデア勝負の中小企業の場合、突拍子もないモノの考え方やアイデアこそが必要なので、社員を萎縮させては元も子もないとしています。よってホウレンソウを禁止しているそうです。

　最後に上記2つの仕組みのバックボーンになっている価値観を紹介します。

　それは、「常に考える」という未来工業の経営理念（スローガン）です。経営者や上司が考えろと命令しているうちは、自分の頭で考え、行動する社員は育たない。社員一人ひとりが自分の頭で常に考え、実行してみる。もし失敗すればすぐに改める。それを繰り返すことで初めて考える力が身につくのです。

とにかくやってみて、ダメだったら元に戻し、また考える

　「常に考える」このDNAをもっている未来工業だからこそ、年間に1,000点もの新製品を開発できるのだと思います。

もちろん、アイデア出しのためのしかけは上記だけではありません。多くの会社が様々なしかけを取り入れています。
- 商品開発のためのクロスオーバー・ミーティング（MTG（部門横断・ブレーンストーミング））
- 女性や若手の意見・アイデアの活用
- 生え抜き社員と中途採用社員の化学反応など

クロスオーバー・MTG は、他部門が交わることで、異なる視点、新たな発見があり、斬新なアイデアが出やすくなります。一方、女性の意見は、消費者・生活者の視点として有用であると認識されています。

3点目の生え抜き社員と中途採用社員の競争については、200年企業の事例を紹介します。

＜1585年創業のメルクロス＞（200年企業）(*7)

食品、雑貨、インテリア等の卸売・小売業である同社では、新規事業を展開するために、中途採用従業員を積極的に採用しています。幹部層には、生え抜き社員に引けをとらない数の中途採用者がおり、一般社員も約3割が中途入社とのことです。新規事業を行う場合、社内にノウハウがない場合が多かったため、経験者を採用してきた結果であります。当時の16代目の経営者曰く、「当社は設備も装置もない。いかに人に力を発揮してもらうかがすべて」。生え抜き社員も中途採用者の企画提案に刺激を受け、人材が切磋琢磨し合い、事業を成長させてきました。

生え抜き組と中途採用組の化学反応（競争＆協働）による成功事例といえます。

また、新たな発見に関しては、5つの発見力が重要だとされています。

イノベーションのDNA：5つの発見力を伸ばす

5つの発見力	内容	発見力を伸ばすためのヒント
質問力	質問を重ねて、新しい洞察を誘発する力	「質問ストーミング」 例）選んだ問題に最低50個の質問
観察力	顧客や製品など、周りの世界の観察を通じて、新しいやり方のもとになる洞察やアイデアを得る力	顧客を観察する （何を好み、何を嫌い、何に喜び、何に苦しんでいるか）
ネットワーク力	多様な分野の人たちとの交流を通じて、物事を異なる観点からとらえる能力	週に一度の食事
実験力	製品やプロセス、アイデアを分解して、その仕組みを理解し、新しいアイデアに結びつける能力	新しい環境（企業や国）を訪れたり、新しい社会活動に参加する
関連づける力	一見無関係に見える疑問やアイデアを結びつけ、新しい方向性を見いだす能力	「強制連想」 例）電子レンジと食洗機の機能を組み合わせた製品を想像（普通は組み合わせない物事の組み合わせ）

⇩

新商品・新サービスの開発へ

参考：『イノベーションのDNA』（*3）

例えば、

質問力についていえば、

- スティーブ・ジョブズ「なぜパソコンにファンが必要なのか」
  ⇒最静音最小のPCを開発

- P＆G前会長「我々のターゲットは誰か。何を望んでいるのか」「今満たされていない最大の欲求は何だろう」
    ⇒数々のヒット商品を開発

観察力についていえば、
- インドのタタグループのタタ会長「雨でずぶ濡れの中、家族4人が1台のスクーターで移動（車を買えない現実）」
    ⇒世界最安車タタ・ナノの誕生

実験力についていえば、
- マイケル・デル「IBMのPCは部品合計の5倍の値段」
    ⇒最新の部品を買い、顧客の望み通りの構成で組み立て、低コストのPCを開発

いずれも世のため・人のため、顧客に新たな価値を提供したいという思いが、イノベーションを起こさせているのだと思います。

上記をふまえ、イノベーション実現のための根源的な要素を示します。

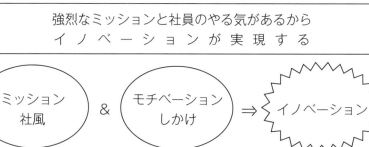

　グーグルには、「世界中の情報を整理し、世界中の人々がアクセスできて使えるようにすることです」という使命があります。これは、創業者が身をおいたスタンフォード大学工学部にさかのぼり、大学でのプロジェクトを通じて検索ビジネスを創業しました。

　またグーグルは、本当に破壊的なイノベーションはトップダウンでは生まれないとして、働きやすい職場作りにこだわり、組織の風通しの良さを重視しています。

　このようにして現在では、Google Map や YouTube などあらゆる情報の整理を行い、革新的なイノベーションを実現しています。

　以下は、グーグルの創業物語の要約です。イノベーションのDNAに示された5つの発見力の1つ、「質問力」が起点となりました。

グーグルの創業物語（スタンフォード大学）

```
┌─────────────────────────────────────┐
│  「グーグルの検索ビジネス」を創業      │
└─────────────────────────────────────┘
              きっかけは
┌─────────────────────────────────────┐
│  図書館の整理方法をWEBの検索に応用    │
└─────────────────────────────────────┘
              具体的には
```

抱えていた課題	質問による課題解決
スタンフォード大学の膨大な蔵書の電子化プロジェクトで、「どのようにすれば優れた情報を見つけることができるか」	「どうしたら、優れた本を自動的に探し出せるか？」 ⇩ 「優れている本の共通点は何か？」 ⇩ 「優れた本は、類似のテーマの他の本に参照されている」

　スティーブ・ジョブズは次のように述べています。
　「イノベーションは、研究開発費の額とは関係がない。アップル社がマックを開発したとき、米IBM社は少なくとも私たちの100倍の金額を研究開発に投じていた。大事なのは金ではない。抱えている人材を、いかに導いていくか、どれだけ目標を理解しているかが重要だ。」
　そして人材を導いていく目標として、次のようなビジョンを掲げました。
　「ごく普通の人々にコンピュータを届けたい」
　ビジョン（＊）とは、提供する製品やサービスで可能となる夢のある世界のイメージであり、顧客が喜ぶ姿の創造でもあります。
　"研究開発費の額とは関係がない"というのは、ジョブズだからこそ言える言葉だと思いますが、人材とビジョンの重要性を改めて認識する必要があります。
　＊ビジョンは、ミッションがあるから想像できるものなので、本書ではミッショ

ンに含め、ミッションと一体の概念として位置づけます。

　先に紹介した伊那食品工業では、寒天の有効成分を生かし、バイオ、医薬、化粧品等の様々な用途開発を行っていますが、研究開発のポリシーとして次の２点を示されています。
　・採算の問題ではなく、夢のある開発が当社の原動力であること
　・寒天の長所を伸ばした製品開発
　やはり、夢のある開発が原動力であるという点は、イノベーション実践企業の特徴でありますし、また長所を伸ばすという発想も重要です。ドラッカーは「経営の本質とはどんな強みを活かすのかを考え実践することである」と説いており、自社の製品・技術の強み（長所）を活かすこと、社員の強みを活かすこと（組織の強みを活かすこと）は最も重要であるといえます。

＜アサヒビールの事例＞（顧客の喜びを追求したイノベーション）

　アサヒビールは、「すべてはお客様のうまいのために」のモットーに基づき、それまでのビール業界の常識を破る商品「スーパードライ」（味を変える・ラベルを変える）を開発しました。また近年では、商品そのものでなく、生産や物流プロセスの革新による商品の付加価値アップを実現しています。製造から出荷までの期間を大幅に短縮し、「製造後３日以内に出荷された鮮度実感パック」です。これもイノベーションです。背景には、スーパードライの発売以来、歴代社長が継続して進化させてきたテーマ「ビールの鮮度向上」へのこだわりです。銘柄に好みはあるが出来たてがおいしいのは、間違いないという認識のもと、鮮度実感パックを開発しました。
　さて、このようなミッションやモットーに基づき、実際に新規開発（イノベーション）を実現していくためのプロセスとして重要なことは、まずは身近なところで開発のＰＤＣＡ（開発の計画・実行・評価・見直し）をスピーディーに回すことです。開発にトライアンドエラーはつきものですので、い

かにユーザー（顧客）の評価・協力を得ながら、開発活動を進められるのかがポイントです。先に紹介したレゴの事例では、「顧客主導型になる」ために顧客と対話を続け、子供たちから開発中の製品に対するフィードバックを受けています。この視点は、生産財やサービスの場合も同様であり、関係が深い既存の得意先の評価・協力を得ながら開発を行うことが重要です。

PDCAの意義は、イノベーションの卵を孵化させること
C（チェック・評価）は、顧客の協力を得て行う

5 売上新規度（イノベーションの数値目標）

イノベーションの実現をより確かなものとして継続していくためには、明確な数値目標を持つことが重要です。

売上新規度とは、次の算式で定義します。

$$売上新規度 I = \frac{（新商品売上＋新規事業売上）}{全社売上}$$

$$売上新規度 II = \frac{世の中にとって新しい商品・事業売上}{（新商品売上＋新規事業売上）}$$

新商品の定義は、業種・業態によって異なると思いますが、ここでは、新規事業（新しい市場＆新しい商品）の新商品以外の新商品と定義します。

IIは、Iに比べてより新規性にフォーカスしたものです。

先に、3Mの15％カルチャーを紹介しましたが、同社はその運用を実のあるものにするために、新製品売上比率を管理指標に設定しています。自由を手に入れる代わりに、きちんと開発を実現するという規律としての意味も持っています。

また、レゴの事例でも説明しましたが、拡大売上目標を達成するための新規売上ではなく、粗利益が上がる新規売上＝顧客に価値を提供する新規商品の売上の目標比率に意味があります。

ここでは、長寿企業デュポンの事例を紹介しながら、売上新規度について考えてみたいと思います（*4）。

デュポンでは、100年後を考える長期の経営を基軸にしています。そのため、研究開発も長いものでは10年、15年先の商業化を想定しているものもあります。一方、足元の環境変化に迅速に対応する「敏捷さ」も重視し、新製品を次々と市場に送り込みイノベーションを加速させています。この「敏捷さ」を追い求める指標が、新製品の売上比率（売上新規度）となっています。2 研究開発の管理のポイント（時間軸）でも示しましたが、長期を基軸にしつつ環境変化への対応も迅速に行う短期視点も兼ね備え、長期・短期のバランスを実現している事例です。

デュポンは、金融危機の間も6％の研究開発費比率を継続してきました。
年間20億ドル（約2,000億円）もの研究開発投資を行い、世界各地のイノベーションセンターには研究者を全員で1万人かかえています。テーマは中長期的なものから、短期的なもの（顧客ニーズや環境変化への対応）まで多岐にわたります。

この結果、デュポンの2013年の売上新規度（新製品の売上比率）は約1/3に達しています。
これは、2013年の売上のうち、2010年から2013年に投入した新製品によるものが、約1/3（100億ドル（1兆円））あるという計算です。

このような高い数値を達成している理由の１つに、製品開発スピードが速い点があげられます。新製品を短期間に市場投入するため、イノベーションセンターの世界各地への展開を強化しています。「こんな商品が作れないか」顧客から相談を受けたセンターでは、その要求に応えられる拠点の研究者がビデオ会議で直接顧客と議論します。専門知識を持つ研究者が直接顧客の相談にのることで、埋もれていたニーズを一気に引き出し、そのニーズを的確に反映させて製品を開発するというわけです。この仕組みは製品開発スピードを高めるだけではなく、顧客にとっての価値を提供できる製品開発も実現しています。

　また、フィリップスは、研究所の研究者自身が、顧客の元に出向き、課題を聴いて、研究開発に活かしています。これは、研究者が直接顧客と会話することで研究者の意識改革を行うためです。

「顧客起点」に立つ ⇒ 研究者の意識改革ができる ⇒ 新商品が開発できる

というサイクルが重要です。
　一方、研究者の意識改革について、日本電産の永守社長は、研究所の経営という視点で、次のように言われています（*5）。
　「研究所が業績に結びつかないのは、研究所を経営していないからである。
- 研究成果があがる人の共通点である「自己管理のできる人」を採用する。
- 役割を明確にする。
- 揺さぶる（テーマの研究が進んだり行き詰まったりした時に、その中で人を組み合わせたり、異動させたりして揺さぶる。）。
- 目標があって、協調と競争のしくみを創る。研究自体を自己管理と、

上司、周囲との連携の中でビジネスのように組み立てていくしくみを創る。
- つまり、うかうかしていたら自分のテーマは人に取られてしまう。だから人の力を借り生かしながら、効率よく研究を進めたほうが有利になる。

以上は、会社経営と同じである。」

　このコメントに記載されている目標、自己管理は、ドラッカーの目標管理と相通ずるところがあると思います。目標管理を提唱したドラッカーはそれを「MBO－S（Management by Objectives and Self-Control／マネジメント　バイ　オブジェクティブズ　アンド　セルフ・コントロール）」と表現しました。セルフ・コントロールというのは自己管理（自律統制）です。どのような組織においても、自己管理に基づいた目標管理は有効に機能するといえます。

　さて、売上新規度に話を戻します。

　2 研究開発の管理のポイント（時間軸）の項でも述べましたが、研究開発への経営資源の配分に当たっては、短期・中期・長期に分けて考えることがポイントです。デュポンのように「敏捷さ」をポリシーにしている場合は、環境変化や顧客ニーズに対応する短期的な製品開発のウェイトが相対的に高くなり、それが売上新規度の高さに反映されています。また短期への資源配分としては、経営資源のうち人を重点的に投資していますが、長期への資源配分としては、多額の資金を投入し、未来に必要な事業（新規事業）を獲得しています。

　このように、売上新規度は、経営の長期視点と短期視点の両方を検討する指標であるがゆえに、当然のことながら、役員間でその会社に合った目標が合意されていなければなりません。永続経営のための重要な経営目標です。経営目標ですので、その進捗をチェックすることになります。

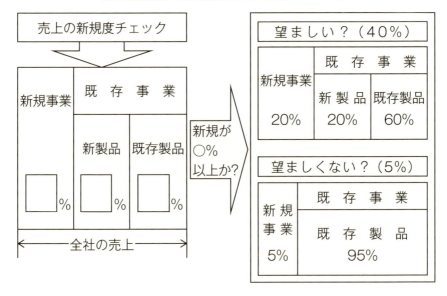

売上新規度の目標設定とその進捗チェック

　それでは、実際どのようにして目標を達成（イノベーションを実現）していけばよいのでしょうか。
　ドラッカーは、イノベーションの3つの心得を次のように表現しています（*6）。
　ⅰ．集中すること
　　単純だが集中しないとできない。
　　集中とは、勤勉、持続、献身である。
　ⅱ．強みを基盤とする
　　自らの能力・得意分野を生かせる機会を探すこと。
　ⅲ．常に市場志向・顧客起点に立つことが大切である
　　世の中を大きく変えるものを目指していく。

　これまでに登場した企業の事例は、上記3ついずれにも当てはまります。
　・アップル（iPhone等iを冠した製品）

③ 永続マップの【Innovation Area】　75

- レゴ（レゴゲーム）
- ヤマト運輸（宅急便事業）
- 東レ（炭素繊維）

日本の200年企業の事例（上記のⅰ、ⅱの観点）をみてみます。

＜1721年創業のホワイトローズ＞（200年企業）

　創業時は刻みたばこの販売を業としていましたが、戦後になりビニール傘を考案し大ヒットさせました。やがて生産コストの安い台湾・中国製に押され、売上は減少しましたが、それでも環境面から、丈夫な構造にして長持ちする新製品を開発、廃棄物の発生を抑制しています。
　さらに現在ではビニール傘の製造で培った高周波の接着技術をもとに、シャワーカーテン、レインウェア、撮影・照明用機材といった新製品を開発し販売を行っています。
　「傘は当社のコア技術。新しいものを生み出す源泉」（10代目社長）
　傘の技術は、ホワイトローズの核心的な強み（コアコンピタンス）であり続けています。

　ここで改めて、ヤマト運輸の宅急便事業開始の理由（29ページに記載の図）をみてみましょう。最後の文章をみますと、次のように書いてあります。

```
・電話1本で集荷
・1個でも家庭へ集荷
・翌日配達
・運賃は安くて明瞭
・荷造りが簡単
```

コンセプトが明確で分かりやすく、すべて顧客起点を実現しています。顧客が助かる・ありがたいと思うものばかりです。
　一方で、「1個でも家庭へ集荷」と「翌日配達」というのは、周囲からみるとコストがかかり採算が合わないと考えられていましたが、取次店の設置、配達ネットワークの構築、2便制の導入等、考えに考え抜かれた施策の実行により、採算にのせました（86ページ　経営戦略の本質「ばかな」と「なるほど」参照）。
　顧客が気軽に利用しやすい便利なサービスであるという商品のコンセプトを、顧客起点で明確にしたことが成功の出発であったといえます。

　さらにレゴの事例も再度みたいと思います。
　キャッチフレーズである「いつまでも遊べる。いつまでも作り続けられる。レゴはぜったいにきみを飽きさせない」を実現するために、「遊びのシステム」に6つの特徴を持たせました。それは、「遊びの原則」として全従業員に伝えられています。

> ①　想像力を制限せずに、サイズを制限する
> ②　手頃な価格
> ③　シンプルで、丈夫で、多様性がある
> ④　女の子も、男の子も、どの年齢の子も、楽しめる
> ⑤　いつまでも飽きがこず、刷新の必要がない
> ⑥　販売しやすい

　レゴの事例も、顧客起点による商品コンセプトの明確化です。

> 顧客起点を極めればイノベーション
> 顧客起点の分かりやすい商品コンセプトがポイント

酒屋のカクヤスもこれと同様のサービスを開発しました。

『ビール1本から2時間以内に無料宅配（東京23区限定）』というサービスです。

当初、周囲の反応は悪く「あんな無茶なサービスをしたら、儲けが吹き飛んですぐに潰れる」という噂が立ちましたが、実際は、利用者が拡大し、成功しました。大勢の利用者により、宅配コストを吸収して十分な利益が生まれ、他店との差異化を実現する上で最大の武器となりました。これも顧客起点を極めたサービスといえます。

実際のところはビール1本を注文する顧客は少なく、数本まとめてという顧客の方が多かったわけですから、顧客起点に立ちながら顧客の行動を読んだ見事な成功といえます。

さらに別の観点でイノベーションを考察します。

すてることがイノベーションのきっかけになる

ドラッカーは次のように述べています。

「イノベーションに優れた企業は、人の作ったものは、やがて陳腐化することを知っている。ゆえに、競争相手によって陳腐化させられるのを待たずして、陳腐化したものは捨てることが重要である」(*6) と（陳腐化は環境変化によって起こります。つまり、市場・顧客のニーズの変化、そのニーズの変化に対応できる競合企業の技術革新などによって起こります。）。

大事なことは、すてることが起点となって、イノベーションを推進させるという視点を持つこと、そして積極的に新陳代謝を行っていくことです。

すてることができれば本当の意味で真の強みに集中することができ、強みを活かすことでイノベーションを実現させ、事業を再び成長軌道に乗せることができるのです。「古いものの計画的な廃棄こそ、新しいものを強力に進める唯一の方法である」（ドラッカー『経営者の条件』）。
　この場合、すてるものは、製品等の形のあるものとは限らず、人の意識や体験も含まれます。過去の成功体験にすがることなく、また強みと思い込んできたもの・ことについても、時代の変化や市場・顧客のニーズに応じて見直し絶えず磨き上げなければなりません。

「すてる」の意義は

強みに集中させ、イノベーションを起こす

すてるものは？

過去の成功体験
従来からのやり方
市場が変わろうとしている中で過剰な愛着をもつ製品等
元強み（今弱み）

　「すてる」ことの意義・重要性はお分かりいただけたと思いますが、それではなぜすてられないのでしょうか。永続する上では必ず直面する重要テーマですので、もう少し深く考えてみましょう。
　すてられない理由としては、以下の項目が考えられます。

- 歴史があり（世間体）思い入れ（愛着）があるため、すてられない。
- 一定の売上があり、それがなくなると売上が減少するので、それを避けたい。
- 代わりの新規分野を立ち上げられない（人財の異動先が確保できない）。
- 異動させようにも、普段から人財教育（課題解決、変化対応、応用力など）ができていないから、容易にできない。
- 普段からマーケティング（既存の製品・技術を活かせる新規市場はないか）、研究開発活動を行っていないため、容易に新規事業を立ち上げられない。

ちなみに日本の上場企業の自己資本利益率（ROE、8％程度）が、海外企業（米欧は15％程度）と比べて低い主な原因として、不採算事業からの撤退が遅い・撤退ができない点（要は、すてられない）があげられています。そもそも不採算事業の原因としては、大きく分けて次の2つが考えられます。
- 自社の強みを活かせない事業へ進出し失敗した（多角化による失敗等）
- 環境変化により事業が陳腐化し売上・利益が出なくなった

前者の場合は、失敗を認めて速やかに撤退を検討し実行すべきです。問題は後者です。過去の成功体験があるため、なかなかすてられません。経営者がすてる事業を開始した当事者であれば、すてることはなおさら困難になります。

それではどうすれば解決できるのでしょうか。
それには経営者の決断を支援する仕組み（＊）が必要です。
まずは計画な廃棄を検討する仕組みを、経営の意思決定に組み込むことです。
陳腐化は必然であり、毎期廃棄を検討・実行することは当然であるという

ことを、経営の習慣にすることです。そして、廃棄後、新しいものへの取組みとイノベーションを実現するために、以下の活動を継続して行うことが必要です。

★新たな機会（市場・顧客）の探索、顧客の未充足欲求の探索【短期視点】
★持続的な人財育成と持続的な研究開発活動（将来の種まき）【長期視点】

これはとりもなおさず永続マップのエッセンス（9ページのBの矢印を参照）になります。

つまり、永続マップを回していくことが、「すてる」（撤退）ことを可能にします。

＊若杉敬明東京大学名誉教授によれば、経営者から良質の経営行動を引き出す仕組みがコーポレートガバナンスと定義されています。

なお、赤字事業でも撤退をしない場合もあることを補足しておきます。
・将来をみすえ社運をかけた新規開発分野の事業であるため（東レの例）
・社員のやる気が残っており、可能性があると経営者が信じて期待しているため

話を本章のテーマに戻します。

これまで、イノベーション実現のための基本的な要素、特に新製品や新サービスの開発を中心にみてきましたが、本書ではイノベーションを「市場・顧客に新しい価値を生み出すこと、新しい価値を提供すること」と定義しています。そこで、新市場の開拓（新しい価値の提供）等を含めたイノベーションのための戦略投資について、次項でみることにします。

6　将来を見据えた戦略投資

戦略的な投資のパターンとして、次のようなものがあります。

i 世の中にない革新を実現した新製品を市場投入するための投資
　東レの航空機業界向けの炭素繊維の量産投資
ii 新たな市場に強みがある製品を投入するための投資
　富士重工業の北米市場向けSUVの増産投資
iii 既存の市場に新製品を投入するための投資
　ヤマト運輸のクール宅急便等の新商品投入の投資
iv 社運をかけた投資の意思決定（未来の視点、社会的課題解決の視点など）
　デュポンの未来に不要な中核事業の売却と未来事業への投資
　日本企業（200年企業など）の社運をかけた投資

上記 i ～ iv を成長戦略のタイプに分類すると、下図のようになります。

成長戦略投資のパターン

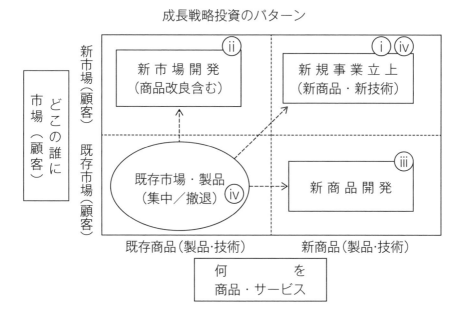

上記のうち、富士重工業、日本の長寿企業、デュポンの事例について説明

します。

　まず、富士重工業の事例を紹介します。
　本事例も 2 でみたように商品を絞り込み（商品をすてて）、強みに集中した事例です。
　同社は、2012年に軽自動車の開発・生産から撤退し、自社技術の強みが活かせるターゲット市場を選定しました。それが、北米市場向けのSUVです。現在、北米市場で販売が絶好調（2014年3月期で売上台数の約6割が北米（※1）であり、「車種を極限まで絞る　オンリーワンの成長戦略」を展開しています。そして付加価値が高い強みに集中した結果、売上高営業利益率は13.5%となり（2014年3月期）、自動車業界ではナンバーワンとなっています。
　米国現地の生産法人（SIA）において、今後、さらに4億ドルの増産投資を実施し、2016年度に30万台体制を確立するとしています（※2）。
　※1：2014年3月期 有価証券報告書より
　※2：ANNUAL REPORT 2013 より

3 永続マップの【Innovation Area】

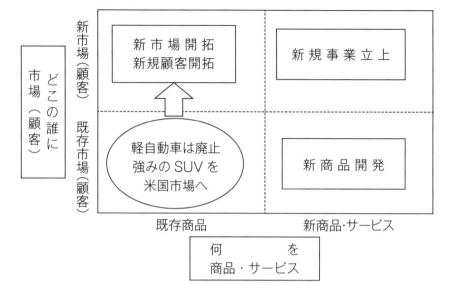

富士重工業の例

	誰 に	何 を	どうやって
・軽自動車（国内）の廃止 ・強みが活かせる米国市場への注力	大卒、世帯年収10万ドル超のアウトドア派（悪路・高速運転好き）	"スバル"のSUV【水平方向エンジンや衝突回避システムという強み】	雪が降る米国北部だけでなく、南部でも安全な車として訴求

次に日本の企業の事例を紹介します。

＜1752年創業の大七酒造＞（200年企業）(*7)

創業時から現在まで、酒造業を継続しています。しかも、醸造法のなかで

も最も難しいとされる「生酛造り（きもとづくり）」という正統派技法による生産を、現在でも行っている（全商品生酛造り）数少ない酒造業者の1つです。

2005年、操業250年記念事業として完成させた酒蔵の新社屋は、さながら生酛造りを極める要塞であり、麹を作る部屋は100年以上もちます。年間約10億円の売上に対し、新社屋への投資額は20億円です。この一見無謀ともみえる投資を決めた理由を、次のように語っています。

「投資を数年のうちに回収できることが良い経営とされる。しかし、それでは、常識的なものしかできない。当社のような規模の企業では、人に驚きと感動を与えられない。」(10代目社長)

この経営方針に基づき、常識を打ち破る生産販売、技術を開発しています。全商品生酛造り自体が定石破りといえますが、さらに技術面でも定石を打ち破り、精米の技術革新として、米粒を表面からほぼ同じ厚さで削る「超扁平精米」法を確立しました。技術陣は、旧科学技術庁長官などから、相次ぎ表彰を受けています。

＜1829年創業のナイカイ塩業＞ (*7)

2002年に塩の製造・輸入・販売は完全に自由化され、塩の国内需要は伸び悩み、成長性のない市場と考えられていたため、同業他社は撤退しました。

しかし、ナイカイ塩業はあえて売上の半分にも達する莫大な設備投資を実施し、製塩を継続する道を選びました。そこには、雇用を守るという理由もありました。実際にその読みは当たり、ナイカイ塩業は生き残り、現在では、海水利用技術を応用した化成品事業の育成が成功して、業績を伸ばしています。軸（コア技術）は「塩」で不変です。

このような社運をかけた大投資は、ヤマト運輸が行った宅急便事業への投資にもみることができます。主力の商業貨物事業から撤退しての英断でした。

　集荷の苦労のない百貨店配送に比べて、都内に散らばった一般家庭から１個ずつ商品を集荷するのは大変な苦労を要します。よって、極端に効率の悪い個人の宅配事業は絶対に赤字が出ると、当初は全役員に反対されたそうです（バカな）。しかし利用者の立場（主婦の立場）になりきることで、主婦が買いやすい商品を追求し商品化したことにより、関係者がなるほどと思うような商品化計画が作成されました。それが 2 でも示しました、宅急便開発要綱と商品コンセプトです。

　社運をかけた大投資には、経営戦略の本質を読み取ることができます。

経営戦略の本質

経営戦略の本質		
バカな	と	なるほど
		神戸大学吉原英樹教授
戦略が合理的であれば、誰もが同じことを考える。よって、どこかに非合理の要素がなければ、独走につながらない		

出典：『経営戦略を問いなおす』／ちくま新書（＊8）

神戸大学の吉原英樹名誉教授は、その著書『「バカな」と「なるほど」』の中で、次のように述べられています。「業界の通念や慣行を打ち破る斬新な経営を展開しなければ、競争の世界で成功者になれない。成功している企業は「バカな」といわれるくらいユニークでイノベーティブな経営を考え出し、実行している。その成功企業の経営は外部の者には「バカな」とみえても（非常識に思えるが）、じつはよく考えぬかれており、「なるほど」と納得できる合理性を有している。」（*9）。

＜1802年創業のデュポン＞ (*4)

300年企業を目指し、徹底した未来志向の経営を実践しています。つまり、数十年後の未来を予想し、その未来に役に立つためには今何をなすべきかという視点で、事業投資・事業の再編（売却）を実施しています。まさに、未来に不要なら中核事業さえも手放してしまうデュポンの未来志向経営を、一連の図で示します。

③ 永続マップの【Innovation Area】 | 87

永続企業デュポンの300年企業に向けた軌跡

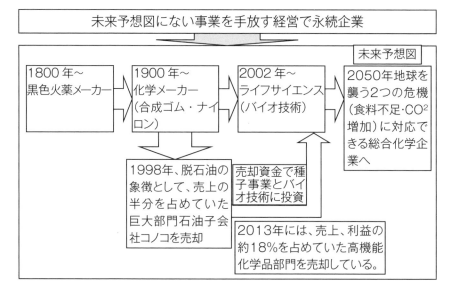

300年企業を目指すデュポンのミッション・ビジョン・戦略

50年後、100年後も世のため・人のためになっていたい

↓

50年後、100年後の地球や社会の未来（危機・課題）を予想し、そこで必要とされる会社の将来像を描く

↓

描いた将来像から逆算して今必要な事業（経営戦略）を決める（足元の利益率やシェア争いを重視する経営とは一線を画す）

↓

未来（将来像）に不要なら、中核事業でも手放す

デュポンの前CEOは、次のように述べています。

「リーダー層は、いつが事業を組み替えるタイミングなのかを常に考えている。もちろん、再編することにはリスクが伴う。だが、強調したいのは、何も変わらないことは、もっとリスクがあるという点だ。」、「事業再編で重要なのは、タイミングだ。経営陣で議論したのは"何を変えるべきか"そして"いつそれをやるか"だけだ。」。

未来予想図に不要な事業を手放した事例

未来のために手放した2つの優良企業	
石油子会社コノコ	高機能化学品部門
★1998年の年間売上高の半分を占めていた巨大部門。これを手放したことにより、売上は、450億ドルから247億ドルに急落。 ★バイオ技術を活用した総合化学企業へ転換するための脱石油。	★2013年の売上6,800億円、営業利益1,000億円。全社に占める割合はそれぞれ18%、17%。利益率は15%。 ★農業や植物由来の素材開発など、バイオを基盤に成長する事業戦略との関連が薄いため手放した。

未来のために中核事業を手放したデュポンとは、好対照の事例を紹介します。

コダックは1990年代半ばに、デジタル画像技術が同社の中核事業を脅かしかねないことに気付き、研究開発に20億ドル以上を投入しました。しかし同社はこの問題を次のように捉えました。「デジタル画像技術をどのように改良すれば、わが社の中核事業で銀塩フィルムに代わる有効な代替事業に

なるだろう？」この結果、同社は高価で高画質なデジタルカメラを開発しようとして、安価なデジタル画像技術がもたらした破壊的成長を逃がしています（*9）。

未来に必要な視点（未来志向）と、現在の規模を維持する観点（現状の規模志向）では、取り返しがつかない大きな違いが生じています。

未来志向経営とは、言い換えればビジョン経営です。未来の方向性・将来のありたい姿を明確に示すことにより、社員が目的意識とプライドを持つようになり、結果、ビジョンの実現に向かって進む一体感・団結力のある組織が形成されます。

明確なビジョンを示すことの意義・素晴らしさを教えてくれる事例を紹介します。

＜デュポンの繊維部門の従業員との会話＞

防護服や防弾チョッキに使うケプラーという繊維を作っている工場の従業員に「あなたはどんな仕事をしているのか」と経営者が聞いたところ、こんな答えが返ってきたそうです。

「私は命を救っているんです」

この答えによって、いかに企業理念が浸透しているか、ビジョンが共有されているかが分かります。ちなみに、ケプラーは、3MやGoogleと同じく社員が「好きに使える時間」を活用して開発したものと言われています。

これと同様の例として有名な寓話を紹介します（企業の新人教育資料としても使用されています。）。

会社の方向性(ビジョン)を明確に伝えると社員が目的意識とプライドを持つ

┌─ 寓話「石切り職人」より ─────────────────────────┐
│　砂漠を抜けて一人の旅人が歩いています。あるとき旅人は石切り場を通りかかりました。
│　そこで3人の男が大きな石を切り出しています。人に会うのが久しぶりな旅人は男に声をかけました。
│　旅人：「仕事はどうだい？」
│　男は答えます。
│　男一「きつい仕事だよ。すごいほこりさ。暑いし明日にはやめるのさ」
│　別の男にまた同じことを聞きます。
│　男二「一日働くと子供たちを養えるのさ」
│　三番目の男はなんだか楽しそうです。
│　男三「丘の上に今教会を、そう、多くの人々の心の安らぎの場となる素晴らしい教会を作っているんだ。そこからなら見えるだろう。完成すると1000年もの間人々が祈りをささげるのさ」
│　そうなのです。石切り場にいたって彼は教会を造っているのです。
│　誰が一番仕事をするかは明らかです。
│　誰が一番前向きでいられるか、それも明らかです。
│　この教会は、高校野球で言えば「甲子園」、会社で言ったら将来のビジョンです。
│　我々の働き甲斐を定めるのは、どのような仕事をしているかではなく、その仕事の彼方に何を見つめているかなのです。
└──────────────────────────────────┘

3　参考文献

- (*1)『小さくてもいちばんの会社』坂本光司＆坂本光司研究室（著）講談社（発行）
- (*2)『ホウレンソウ禁止で1日7時間15分しか働かないから仕事が面白くなる』山田昭雄（著）東洋経済新報社（発行）
- (*3)『イノベーションのDNA』クリステンセン・クレイトン、ダイアー・ジェフリー、グレガーセン・ハル（著）翔泳社（発行）
- (*4)『日経ビジネス』2014.06.02「デュポン」
- (*5)『日経ビジネス』2013.11.4「会社の寿命」
- (*6)『ドラッカー　時代を超える言葉』上田惇生（著）ダイヤモンド社（発行）

(*7)『200年企業』日本経済新聞社（著）日本経済新聞出版社（発行）
(*8)『経営戦略を問いなおす』三品和広（著）筑摩書房（発行）
(*9)『「バカな」と「なるほど」』吉原英樹（著）PHP研究所（発行）
(*10)『イノベーションの最終解』クレイトン・クリステンセン，スコット・アンソニー，エリック・ロス（著）翔泳社（発行）

4 永続のための会計マネジメントとは

　これまで、「事業の軸」について短期的視点である「粗利益・営業利益の極大化」と、長期的視点である「イノベーションと戦略投資で将来利益の創造」をみてきました。本章では、永続経営・持続的成長に資する会計を「会計マネジメント」と称し、会計マネジメントという視点から、B/S、P/L、永続のための経営指標についてみていきたいと思います。

1　B/Sの本質的機能とP/Lとの関係

　永続経営の観点から、B/Sを定義すると、次のようになります。

「B/Sとは将来のP/L（売上・利益）を創るための経営資源の集合体」

　この視点でみると、棚卸資産は売れる商品（利益が出る商品）で構成されていなくてはならないですし、売上債権も回収できる額で評価されなければなりません。さらに固定資産（設備やのれん、ノウハウ等）は、将来にわたって売上・利益を獲得できる能力（資産価値）を持っていなければなりません。
　まず、会計上のB/Sを確認します。

B/S の概要

B/S	
(資産の部) I. 流動資産 　　現金・預金 　　売掛金 　　棚卸資産 　　有価証券 　　未収入金 　　その他 　　貸倒引当金 II. 固定資産 　　有形固定資産 　　　建物・構築物 　　　機械装置 　　　土地 　　　その他 　　無形固定資産 　　投資等	(負債の部) I. 流動負債 　　買掛金 　　短期借入金 　　賞与引当金 　　未払法人税等 　　その他 II. 固定負債 　　長期借入金 　　退職給付引当金 　　その他 負債合計 (純資産の部) 資本金 資本剰余金 利益剰余金 純資産合計
資産合計	負債・純資産合計

永続経営のためのB/Sに組替え

↓

買掛金を資産項目へ移動し、売掛金＋棚卸資産－買掛金を「運転資本」とする

短期借入金と長期借入金を合わせて「他人資本」とする

退職給付引当金は、両建て処理を行い、資産の部に「年金資産」、負債の部に「退職給付債務」をおく。その上で、退職給付債務を「社員資本」とする

次に永続のためのB/S構造をみます。

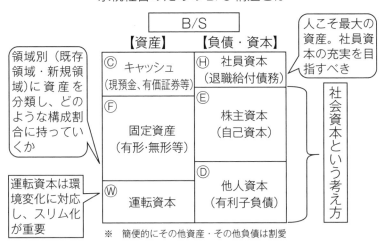

領域とは、事業や部門（製品別、店舗別）等のことです。

例えば、5年後新しい領域の売上・利益をこれだけの水準にし、会社全体ではこのくらいの水準を目指すという経営目標をかかげた場合は、今現在必要な投資はいくらか、必要な資産構成はどのようなものかを決め、実行することが必要です。現在の売上・利益水準は過去の投資の結果ともいえますので、今どれだけの経営資源を投入するか（投資するか）で、将来のP/Lが左右されます。以上が、固定資産Ⓕについてのポイントです。

それでは、運転資本Ⓦについてはどうでしょうか。固定資産は、いったん投資すると変更（削減）はできません。ゆえに成長戦略に基づいた投資の意思決定が、極めて重要です（③参照）。

一方、運転資本は、会社のオペレーション次第で調整ができます。したがって、環境変化に対し、いちはやく対応しなくてはなりませんし、それができるのが運転資本です。

- 市況が悪化（需要が減少）しているときに、売上維持（シェア維持）のために無理な受注・販売はしない。無理をすれば値崩れを起こす、また無

理な販売をすれば仕入の増加に応じて在庫も多くなる。これらの結果、翌期のスタート在庫は、収益性の低い在庫で構成される。結果、粗利益率は低下する。⇒∴在庫は必要最小限にする
- 予算目標の必達ノルマに強いられて無理な販売をしない。無理をすれば信用度が低い会社に販売することになり、不良債権が発生する。結果、貸倒が発生する可能性があり、回収可能額（キャッシュ）が減少する。⇒∴不良債権を作らない

次に、社員資本について説明します。

法律上も会計上も、このような言葉はありません。ただし本書は、「企業は人なり」の永続経営をテーマにしていますので、この用語を創りました。

社員資本とは、社員が退職したときに備える退職給付債務のことをいいます。

基本的に、社員の平均勤続年数が長いほど金額が大きくなります。

つまり、定着率が高い企業ほどこの金額が相対的に高くなります。人財の流動化・入替えが頻繁に起こる欧米とは違い、日本の場合は、長期的な安定志向が強いと思います。その結果、熟練社員や技術が伝承蓄積され、高品質・高い技術・高いサービスの実現につながっているといえます。つまり、将来の安心感があるからこそ社員は安心して働ける、仕事に打ち込める、勤勉に働く、一生懸命に働くということにつながるのではないでしょうか。したがって、負債、債務という言葉でなく、将来にわたって活用できる労働資本という考え方が必要です。

社員の将来のために、社員資本は一定の金額水準を確保すべきです。

最後に、社会資本について説明します。

社会資本とは、自己資本（株主資本）と他人資本（借入金）のことをいいます。

言い換えれば、ステークホルダーからの資本ともいえます。借入金は金融機関からの借入金が主であり、金融機関にとっての貸付金になります。金融機関の貸付金が我々国民の預金を主な原資にしていることを考えれば、企業は社会から集めたお金で経営をしていることになります。松下幸之助さんは「企業は社会の公器である」と言われました。その意味するところは、社会みんなのものにとっての存在である。人が一人で生きていけないように会社も1社の力だけでは生きてゆけない、社会の助けを借りながら（社会から人や資本を調達）、今度は会社の生み出す商品・サービスという形で社会に還元していく、つまり世のため人のためになる・貢献するという意味です。ゆえに企業は社会から調達した資本を有効に活用し、社会に還元できる価値（成果）を生み出さなくてはなりません。調達した資本に見合う価値を生み出しているか、それを判断する指標が「社会資本利益率」になります。

2　社会資本利益率という意識

　社会資本利益率は次の算式になります。

$$社会資本利益率 = \frac{営業利益}{（自己資本＋他人資本）}$$

　営業利益は、その会社本来の成果（本業の成果）を示す指標です。

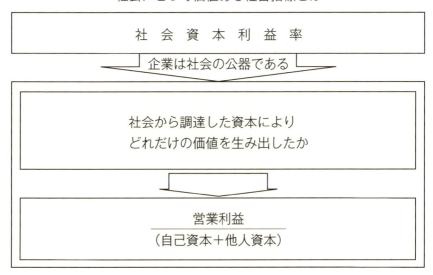

　上記に記載した社会資本の意味合いから、この利益率は、他人資本（借入金）の利率よりも高いものでなければなりませんし、自己資本コスト（株主への配当金の利回り）より高いものでなければなりません。もし会社が複数の事業を営んでいれば、その事業への投資資産（固定資産と運転資本）と営業利益がいくらあるかを把握し、その利益率を管理すべきです。社会の公器である以上、社会資本で調達した資金を有効活用しているか・無駄にしていないかをチェックすることが必要です。「社会資本を無駄にしていないか」、この意識がとても重要です。その上で利益率が低い事業は、赤字になる前に早めに撤退する（すてる）ことを検討すべきです。例えば、国債の利回りより低い事業は、国債で運用した方が利益が出ることになり、数値の上では、その事業を続ける必然性がありません。

　そうならないようにするためには、社会資本に対する営業利益を高める必要があります。

どのようにして高めるのか、まず社会資本利益率を次のように分解します。

社会資本利益率＝売上高営業利益率×社会資本回転率

・売上高営業利益率＝$\dfrac{\text{営業利益}}{\text{売上高}}$

・社会資本回転率＝$\dfrac{\text{売上高}}{\text{社会資本（投下資本（*））}}$

それぞれのチェックポイントを、以下の社会資本利益率の実現ツリーに示します。

(*) 下記のツリーにおいては、分析とそれに基づく行動につなげるため、社会資本を投下資本（社会資本をもとに事業に投下した資本）に置き換えています（一般的には、投下資本利益率と呼ばれます。）。

社会資本利益率（投下資本利益率）の実現ツリー

```
                                       ┌─短期─┬─ 付加価値・粗利益の向
                           ┌①粗利益・営業利益のup─┤    上（顧客満足up）
                           │（下記②の費用除く） └─ 運転経費の管理
              ┌─売上高営業利│                ┌─短期─ 戦略コストと戦略売
              │ 益率の向上  │②戦略コストと未来費用─┤    上・利益の達成管理
              │            │  のレバレッジup    └─長期─ 未来費用の継続実行と
社会資本       │                                      売上新規度の管理
利益率の─────┤                                                          行
向上          │                           ┌─短期─ リードタイムの短縮
              │               ③棚卸資産回転率の向上─┤    無理な受注販売抑制  動
              │                           └─ 商品構成・種類の見直  す
              │                               し（市場・顧客ニーズ）  る
              └─社会資本回転 │                          の
                 率の向上    │              ┌─短期─ 顧客満足を実現する  は
                           ④売上債権回転率の向─┤    納品（検収時期改善） す
                            上、仕入債務回転率の└─ 無理な販売の抑制    べ
                            改善                  適時・適量な発注    て
                                                                   人
                           ⑤          ┌─長期─ 戦略的な投資意思決定
                           固定資産回転率の向上─    （先行投資・社運投資）
```

　図に示した①～⑤の数字の関係は、次のようになります。

　社会資本利益率向上のためには、投下資本を有効活用し、いかに営業利益を向上させるかがポイントです。

　すなわち、最終的には①営業利益の向上を目指すわけです。②は翌年度及び将来の営業利益の向上につながります。

　また③、④（運転資本の回転率）を向上させることは、営業キャッシュフローの増加につながり、⑤の将来のための戦略的な投資資金に回すことができます。そしてその投資の結果、将来の営業利益の向上につながります。

　したがって、社会資本利益率は一定の水準を目指しながら、節目（中長期計画の達成期限）において、その目標数値の達成を確認していくことが重要です。

　なお、複数の事業を持ち、事業別に業績管理を行っている場合は、事業別に投下資本利益率の目標を設定し、実績管理を行うことが必要です。なぜな

ら、主力事業と立上げ初期の新規事業、あるいは停滞気味の不振事業とでは、ビジネスの外部及び内部環境が異なり、目標値（実績値）もその達成年度も異なるため、全社一律の目標管理はできないからです。また会社全体で利益が出ていれば、不振事業の赤字は今期は致し方ないとして、来期以降の改善に望みをかけるケースがあります。しかし陳腐化しているかもしれない事業を続けていくことで赤字が累積し、社会資本として調達した経営資源も活かされないままになってしまいます。3 でも述べたように、計画的廃棄を検討するために、会社全体の業績だけでなく、事業別の業績（現在と将来予測）を見える化して管理していくことが大切です。これにより、短期的収益と長期的収益のバランスをとりながら経営をすることが可能となります（投資とリターンの会計マネジメント）。以下がそのイメージです。

投資とリターンの会計マネジメント

	2014	2015	2016	2017	2018	～
A事業（主力）	短期的な収益力は？	営業利益・営業CF獲得の見込み				会社全体の中長期的な収益力は？
B事業（新規）			3年後・5年後の売上高、営業利益は？			
C事業（不振）		今後の収支見込事業撤退の判断	投資プロジェクトのPDCAを回す			
会社全体の業績	P/L	予算比は？前年比は？（※クリアならOKか？）				

短期的視点（当期損益重視）＆長期的視点（将来収益重視）のバランス

さて営業利益を向上させるためには、既存製品の粗利益を向上させることが考えられます。事例で紹介したでんかのヤマグチのように、徹底した奉仕サービス（裏サービス）により高粗利益率を実現し維持している事例もあり

ます。サービスの価値を上げ、顧客満足を向上して粗利益を上げる、あるいはコストダウンをしつつ品質は維持して粗利益を上げる方法など、各社創意工夫をしながら取組みをされていると思います。

なお、業種によっては、競合製品がある中、しかも各社コストダウンに取り組んでいる中で、粗利益を向上させるには限界があるような業種があり、そのような場合には、むしろ粗利益を維持することが重要といえます。

したがって、今後将来に向かって営業利益を向上させるためには、粗利益がとれる戦略商品の開発（又は企画商品の仕入）による売上増加、新規性が高い高粗利益率の製品開発による売上増加が重要なポイントになります。いずれも一定水準の研究開発費、設備投資等が必要になります。

そこで、永続経営という観点から、改めてP/LとB/Sの機能について考えてみたいと思います。

3　P/Lの2面性とB/Sの着眼点

　ⅰ．P/Lの2面性

P/Lはこの1年頑張った成果を確認できる経営成績であり、最も外部から注目されるものです。赤字が続けば経営不安から存続の危機につながるおそれもあります。したがって、黒字は最も基本的な要件といえます。

そのためには、特に永続マップ（9ページ）の短期のゾーン（上半分、特にⓅ）に留意すべきと思います。

一方、長期の視点がおろそかになれば、当面の業績は維持できてもいずれ業績が減速し、長期的には縮小傾向となり存続の危険性も出てきます。

したがって、以下の2点が必要です。

- 環境変化に対応した迅速な戦略実行＝戦略コストの実行（⇒次節で説明します。）

- 将来を見据え継続的な種まき＝一定の研究開発費の継続

　したがって現状を維持しながら、翌年・将来に向けたレバレッジを効かせなければなりません。これがP/Lの2面性です。なお、上記の費用は営業費として支出されますので、支出の財源として粗利益の確保は極めて重要です。

　そして、その時の粗利益（粗利益率）の水準は、その時までに至る数年間の戦略コストと研究開発費の結果でもあるわけです。

ⅱ．B/Sの着眼点

　B/Sは、将来の売上・利益を創りだす経営資源の集合体です。

　そのためには、毎期資産内容・構成を見直し、収益性が低下したものは資産の簿価を落とし（評価減や減損処理等）、戦略的な事業（新規事業等）への投資に経営資源を振り向け、収益構造を変える必要があります。ドラッカーは「計画的廃棄」と呼んでいますが、環境は絶えず変化しているため、廃棄する（すてる）べきものがないか定期的にチェックすることが必要です。「計画的廃棄」を行うことは、会計的には固定資産の「減損処理」と相通ずるところがあります。なぜなら「減損処理」とは、会計上「収益性の低下により投資額の回収が見込めなくなった場合に、一定の条件下で回収可能性を反映させるように帳簿価額を減額する会計処理」と定義されているからです。すなわち、収益性の低下により投資額の回収が見込めなくなった事業へ投資した資産（固定資産）を「廃棄する（すてる）」行為は、その事業からの撤退行為であるともいえ、会計上は減損処理を検討することになります。

　したがって、「減損処理」は、事業の廃棄という経営行動に関連したものと捉え、後向きに対応すべきものではなく、経営の意思として検討すべきテーマと言えます。そして 3 でも述べましたが、「すてる」ことが、イノベーションのきっかけになります。

ちなみに減損処理により、対象資産の簿価が削減されるため、翌期以降は減価償却費が減少し、営業利益を増加させる効果が働きます。これは会計上のレバレッジ効果といえます。

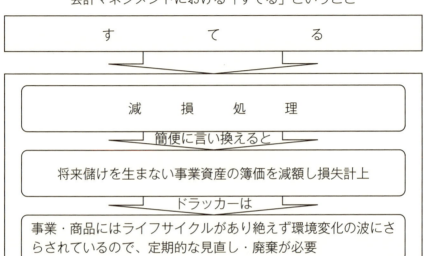

会計マネジメントにおける「すてる」ということ

　また、定期的な見直し・廃棄をすることにより、やむにやまれず大規模なリストラに追い込まれるような事態を、未然に回避することができます。
　次に、売上新規度を実現するための投資戦略について考えてみたいと思います。例えば、売上新規度を5年後に現状の10％から20％に引き上げる目標を設定したとします。そのためには、新商品の開発時期、開発した新商品の量産のための設備投資の時期を予め決めておく必要があります。あるいは、その設備を保有している企業の買収を完了する時期を決めておくわけです。先に紹介した日本電産の場合は、車載市場向けのモーターを第2の事業の柱として本格生産した年の5年以上も前に買収を完了していました。
　さらに5年後、10年後の成長・収益を目指して、現時点で必要な投資を

行う場合があります。工場用地の先行取得であり、物流センターの用地取得であります。

時には社運をかけて大型投資も行われます。

ここでのポイントは、タイミング・時期です。

内部留保が蓄積されるまで待てば時期を逸してしまいますし、早すぎれば自己資金を使い果たし多額の借入が残る可能性があります。

ゆえに、経営陣・役員会で徹底した議論をすべきテーマといえます。

このように持続的な成長経営のためには、短期視点と長期視点のバランスを考え、経営資源を配分することが極めて重要です。

その経営資源の適切な配分をチェックするために、会計マネジメントの役割があります。

〈経営資源の配分チェック〉
- すてるべきものを B/S 資産に残していないか
- 3年後、5年後の P/L を創るために必要な経営資源を、現在の B/S に投入しているか
- 翌年以降の収益をアップするために必要な戦略コストを、現在の P/L に計上しているか

以下に会計マネジメントのイメージを図に示します。

会計マネジメント：短期（P/L）と長期（B/S）のバランスを図り経営資源を配分

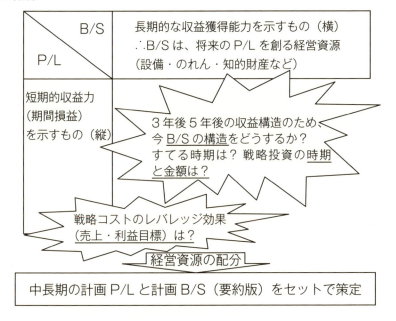

中長期の計画 P/L と計画 B/S（要約版）をセットで策定

計画 P/L と計画 B/S をセットで策定するイメージは次のようになります。

◆3年後の P/L をこのようにしたい。
- その時の事業の柱は○○で売上は○○、営業利益は○○
- 新規に立ち上げた事業の売上構成比は○○、営業利益構成比は○○

◆そのために当期～来期の B/S は、このような投資と資金調達が必要だ。
- 柱にしたい事業への戦略投資額は○○
- 新規事業への投資額は○○
- その時、自己資金使用○○、他人資本（借入金）の調達額○○

◆また当期～数年間の P/L においても、戦略的なコストや開発費が必要だ。
- 当期にかける戦略コストは○○で、来期の戦略売上目標は○○

- 当期〜数年間の研究開発費の水準は○○（金額、売上比率）

◆以上の結果、3年後のB/Sの構造はこのようになっている。
- 事業別（領域別）の資産構成は○○、○○、○○
- 自己資本と他人資本の水準は○○、○○（営業CFによる返済を考慮）

4　戦略コストのレバレッジ効果

　この項では、日本電産の事例を紹介しながら、戦略コストのレバレッジ効果について考えてみたいと思います。2で記載しましたが、戦略コストは「環境変化への対応コスト（攻めと守り）」と定義します。

　要点は、戦略コストを一気にかけたことにより営業利益を大幅に減少させましたが、戦略コストの効果は、翌期以降の戦略事業の収益を加速度的かつ一気に実現させ、営業利益をV字回復させたことです。

　同社の2013年3月期の有価証券報告書において、次のように記載されています。

　「昨年11月以降にパーソナルコンピュータ関連、デジタルカメラ関連、液晶パネル製造装置関連等の主力製品が急激かつ大幅な需要減少に見舞われ、早期の収益性の回復と向上を期して、収益構造改革を断行致しました。」

　その結果、売上は4％増加するも、営業利益は76％減、最終利益は80％減と大幅減益になりました。

　収益構造改革が業績（P/L）に与えた影響は、次のようになっています。

- 販売費及び一般管理費が前年度比53％の増加
  ⇒主なものは固定資産関連損失（※）、及び退職関連の人件費。
  　（※）実質的に固定資産（生産設備）の簿価の切下げ額。精密モーター

の生産能力を約3割削減したことに対応するもの。
・研究開発費は14%の増加。売上高比は、4.4%から4.8%に増加
　⇒主に「車載及び家電・商業・産業用」製品グループ、「精密小型モーター」製品グループの開発費用（先行開発投資費用）の増加。

　一方、営業CFは大幅に増加しています。営業CFが増加した内容は、有価証券報告書で次のように記載されています。「営業CFは1,102億円で、前連結会計年度と比較しますと535億万円の増加となりました。この主な増加要因は、営業資産の減少が673億円、営業負債の減少が85億円であります。営業資産が減少した主な要因は、売掛債権の早期回収及び製造販売の連携による在庫の圧縮によるものです。」

　増加した営業CFを原資に、将来のための事業投資（主に車載及び家電・商業・産業用製品グループにおけるM&A投資）や設備投資（車載関連の量産化等）に資金を配分しています。投資に回した金額は、「事業取得（M&A）が798億円、有形固定資産の取得（設備投資）が613億円」（便宜的に億円未満は切り捨て表記）になっています。

　上記の状況を要約して図で示すと、次のようになります。

4 永続のための会計マネジメントとは

日本電産の会計マネジメント【戦略コストのレバレッジ効果】

【連結】 (百万円)	2012.3	2013.3	2014.3	備考 (収益構造改革＆ 先行開発投資)
売上	682,320	709,270	875,109	
売上原価	523,729	572,605	674,699	精密モーター等の棚卸資産の減損も実施
売上総利益	158,591	136,665	200,410	
研究開発費	30,050	↗ 34,278	37,808	車載関連の研究開発を増加
販売管理費	55,471	↗ 84,760	77,534	増加の主因は収益構造改革費用
営業利益	73,070	↘ 17,627	↗ 85,068	2014/3期は重点事業の「車載及び家電・商業・産業用」事業が大幅な拡大を牽引
営業CF	56,712	↗ 110,286	87,219	売上債権減少で532億円、在庫減少で140億円
投資CF	▲19,918	↘▲133,854	▲63,178	設備投資613億円、M&A投資は795億円
【単体】 (百万円)	2012.3	2013.3	2014.3	備考(先行開発投資)
売上	146,965	132,030	165,953	
売上原価	116,063	108,494	131,740	労務費の減少は、精密モーターの製造から、特に車載関連の開発(量産化)業務に変更したものと推定される。(著者の個人的見解)
(うち製造労務費)	(2,175)	↘ (455)	不明	
売上総利益	30,902	23,536	34,213	
研究開発費	10,933	↗ 15,591	15,826	2013/3期は車載用モーター等に関する新製品及び新機種量産化のための開発費
営業利益	7,497	↘▲4,856	↗ 4,865	連結と同様のコメント

　日本電産のケースにおいては、戦略コストは、収益構造改革費用と先行開発投資費用(車載市場等の創造)になります。

　改めて整理すると、2013/3期の戦略コストは以下のようになります。

1. 主力事業（精密モーター）の大幅な需要減少に見合う収益構造改革費用
   a. 生産能力を落としたことに対応する固定資産の簿価切下げコスト
   b. 退職関連の人件費（海外工場の臨時従業員）
   c. 在庫の評価減による損失
2. 精密モーター以外の第2、第3の柱事業への先行開発投資費用
   特に車載関連の新製品及び新機種の量産化、さらに製品の品質向上を目的とした研究開発（開発が主）

上記戦略コストの効果は、2014/3期に現れています。
1. ⇒資産を身軽にしたことで、需要減少下でも利益が出やすい体質になった（減価償却費の縮小や人件費の削減による製品単位当たり固定費の削減）
2. ⇒車載関連の新製品及び新機種量産開始により、「車載及び家電・商業・産業用」製品グループの売上高は前年度比**39%増収、営業利益は、前年度比約8倍**

まさに先を見越した先手を打つことで、将来にわたっての収益獲得能力を増大させました。ちなみに、車載市場は開発が長期にわたるうえ、人命に関わるため長年の取引関係が重視され新規参入しにくい分野であることから、将来を見据え2006年に車載関連企業を買収していました。

日本電産の事例の考察

将来のための戦略コストのレバレッジ効果

① 大幅な減収の中、車載関連等の戦略製品の開発費（新製品及び新機種量産化）を大幅に増加させ（単体は営業赤字を選択）、翌期の連結売上・営業利益は大幅に増加

② 既存事業（精密モーター）の需要急落のため生産能力を3割削減、それに対応すべく生産設備の簿価を削減。これにより、翌期以降の固定費（償却費）を削減し、収益に寄与

③ 適時適材適所による人財の有効活用（製造要員から戦略的開発要員へ）

　環境変化に即対応し、「今日の利益よりも明日の利益を（今日の利益のために明日の利益を犠牲にしない）」（ドラッカーの思想）という将来収益重視のレバレッジ会計マネジメントを見事に行った事例といえます。

5　運転資本の改善（営業 CF の増加）

　日本電産の事例でみたように、運転資本を改善することは営業 CF を増加させ、将来のための投資の財源にすることができます。

　まず、運転資本の算式は次のようになります。

運転資本＝棚卸資産＋売上債権－仕入債務

　運転資本がこのように定義されるため、棚卸資産の圧縮と売上債権の早期

回収がポイントになります。棚卸資産を圧縮するためには、売れる商品開発、強い商品に集中すること（品目を広げすぎない）等により、商品の回転率を高めることが必要です。また、売上債権の早期回収を図るためには、顧客の検収を早めることが必要です。そのためには、顧客満足（顧客ニーズを実現した商品品質等）を実現しなければなりません。もう1つは、そもそも無理な受注・販売による拡大は止めることです。無理な受注・販売をすれば値崩れを起こし、無理な販売をすれば仕入の増加に応じて在庫も多くなります。また押し込み販売等無理な販売をすれば回収も遅くなります。資金が回収されるまでの期間が長くなればなるほど、資金繰りは厳しくなります。最悪のケースは黒字倒産です。販売不動産への過剰な在庫投資により、資金繰りが急激に悪化し黒字倒産したケースもあります。ゆえに、キャッシュフローは永続のための会計マネジメントにとっては最も基本的なテーマです。

　このような最悪のケースを避けるために、そして、少しでも営業CFを増やすために、運転資本の回収度合い・改善度合いを数値でチェックすることが必要です。

　運転資本回転日数と呼ばれる指標です。英語の頭文字をとってCCCとも呼ばれます（CCC；Cash Conversion Cycle）。

　CCCは、直訳すると現金循環化日数のことで、分かりやすく言うと、製品の製造（商品の仕入）から現金回収にかかる日数のことを言います。この日数が小さいほど、企業の現金回収サイクルが早いことを意味します。

運転資本回転日数＝棚卸資産の回転日数＋売上債権の回転日数－仕入債務の回転日数

・棚卸資産の回転日数＝ $\dfrac{棚卸資産残高}{\dfrac{売上原価}{365日}}$

$$\text{・売上債権の回転日数} = \frac{\text{売上債権残高}}{\dfrac{\text{売上}}{365\,\text{日}}}$$

$$\text{・仕入債務の回転日数} = \frac{\text{仕入債務残高}}{\dfrac{\text{仕入}}{365\,\text{日}}}$$

例えば、CCC が 40 日であったとしましょう。それは次のような計算例から得られます。

40 日＝棚卸資産の回転日数 40 日＋売上債権の回転日数 30 日－仕入債務の回転日数 30 日

　棚卸資産の回転日数が 40 日ということは、在庫が 40 日後に出荷（売上）されることです。その出荷売上された売上債権の回転日数が 30 日ということは、代金が回収されるまで 30 日かかるということです。つまり、商品・製品として在庫に計上されてから、それが売上となり代金が回収されるまで 70 日かかるということです。一方、仕入債務の回転日数が 30 日ということは、製品の製造を開始（材料を調達）した時から、30 日後に代金を支払うということを意味します。

　結果として、CCC は 40 日ということになります。

　CCC が注目された 2012 年、先に紹介したアップルの CCC が話題になりました。2010 年度の数値として、ソニーやパナソニックが約 40 日であるのに対して、アップルはマイナス 20 日（2010 年度）という数値になっています。つまり、製造する 20 日前には代金の回収を終えていることになります。理由は、その商品力を武器に、通信会社などと販売代金を前受け金で受け取

る契約を結んでいるからです。代金の回収が早ければ早いほど研究開発にその資金が投入できることになり、それは製品の開発スピードを高めることになります。

　CCCの短縮は、企業の成長力・競争力に直結します。

6　永続経営のための財務指標

　これまでの説明を総合的にまとめると、永続のための財務指標は次のようになります。

永続のための財務指標（中長期経営計画期間における設定例）

財務指標間の因果関係をふまえ、一体的に決める						
			例			
財務指数	ポリシー	2014年度	～	2017年度	～	2020年度
戦略コスト	変化対応＆成長戦略に基づく	◆	◆	◆	◆	◆
研究開発費比率	期間平均○○%	○○%	○○%	○○%	○○%	○○%
教育研修費比率	期間平均○○%	○○%	○○%	○○%	○○%	○○%
戦略的な投資	成長戦略に基づく	◆	◆	◆	◆	◆
●上記指数（インプット）と下記指数（アウトプット）は一体管理する						
粗利益額／売上高	各期間で目標設定	○○／○○	○○／○○	□□／□□	○○／○○	○○／○○
売上新規度	中長期計画に基づく	○○%		○○%		○○%
営業利益（率）	毎期目標設定＆最終年度	○○(%)	○○(%)	○○(%)	○○(%)	○○(%)
営業CF	毎期目標設定	○○	○○	○○	○○	○○
社会資本利益率	一定の水準を目指す	○○%	○○%	○○%	○○%	○○%

まずポリシーについて解説します。
- 戦略コストと戦略的な投資は、環境変化への対応の観点と成長戦略に基づきますので、その時の経営判断になります。
- 営業利益と営業CF（戦略的投資の原資）は毎期目標を設定することになります。戦略コストの結果、営業利益が減少した場合は、運転資本をマネジメントして営業CFの目標を達成します。
- 戦略的な投資が自己資金だけでなく他人資本（借入金）の調達により行う場合もあるので、社会資本利益率は一定の水準（レンジ）を決めておくことになります。
- 研究開発費と教育研修費の未来費用は、永続のために必要な維持費用ですので、毎期同程度の売上比率の費用をかけます。
- その結果、売上新規度の目標（計画最終年度の目標）を定めます。
- 粗利益額と売上の目標設定は、未来費用や戦略コスト、戦略投資すべての原資になるので、各期間で予め目標を設定しておきます。

永続経営のためには、前記の図にあるように、今後5年間（中長期経営計画期間）という中期的なスパンで目標の設定管理を行うことが極めて重要です。

例えば、次のような目標設定ストーリーが考えられます。

「この年度は、これだけの戦略コストを使い、また未来費用もこれだけは必要なので、営業利益目標はこの水準にする。よって、運転経費の目標をこのように設定し、これをもとに各部門で予算管理をする。」

7　利益管理

利益管理というテーマは非常にポピュラーですので、多くの企業で企業なりきの利益管理に取り組まれていると思います。本書では、永続経営の観点

をふまえて考えてみたいと思います。利益管理として代表的なテーマである、採算管理、コストダウン、業績評価について説明します。

a. コストダウン

　コストダウンのテーマについては、もはやあらゆるところで議論され、沢山のノウハウが開示されているので、ノウハウの説明は省略します。
　コストダウンのポイントは、目的が最重要です。つまり、誰のため・何のためのコストダウンかを明確にすることが必要です。組織のため、会社のため、一定の粗利益を確保するため、それも間違いではありません。

しかし、最上位にあるのは顧客のためです。

　一定の粗利益を確保した上で顧客が少しでも購入しやすい価格にするためには、コストダウンが必要です。ミッションや大儀がないとコストダウンは長続きしません。ノルマ管理など統制しすぎると、一番大事な社員のやる気がそがれ、生産性全体が低下するか、絶対やってはいけない品質を落とす行為につながります。特に食品業界のように品質が生命線である業界については、コストダウンの前に経営理念（創業来の信念）に立ち返ることが重要です。
　コストダウンの成功の秘訣は、社員が社内ではなく顧客を向き「全社員が日々改善を継続すること」に尽きます。
　また、抜本的かつ構造変革としてのコスト構造の見直しのためには、調達・製造・物流の各プロセスの革新「イノベーション」が欠かせません。

b. 採算管理

　採算管理には一定の効果が認められています。例えば、ある製品の粗利益が赤字であるからとして製造中止か、値上げを検討する場合があります。もし、限界利益（売上－変動費）では一定水準の黒字を確保していた場合は、戦略的な値下げによる販売数量アップ施策が可能になります。この施策が成功すれば売上が増加し、固定費の回収額も増え、結果、粗利益を黒字化することもできます。したがって製造業においては、製品の限界利益（すなわち変動費）を把握することがポイントになります。

　一方では、採算管理が必要となった背景や原因、そして本質的課題を考えることが重要です。

　例えば、そもそも売上拡大路線で沢山の商品アイテムを用意しすぎたということが原因である場合が多いです。どの商品がどれだけ儲かっているか分からないと、今後の打ち手（重点販売商品、積極的に売らない商品、最適な在庫量の決定等）が決められないからです。そのためには、自社製造品であれば精緻な原価計算（共通費の配賦計算がなされる場合もある。）が必要になり、仕入商品であれば発注管理（時期・量）、在庫管理（最適な在庫量など）の精緻化を図らなければならないなど、商品の種類が増えれば増えるほど管理コストは増えるのです。

　しかし、結局、売れない商品を廃止することに追い込まれるならば、そもそも強い商品に特化し、それを伸ばすことに注力していた方がよかったということになります。もちろん、会社の創業期にはこの商品でとは決めているものの売上の状況により、いろいろな商品を試す、試行錯誤の連続もあります。しかし、数年経ちある程度軌道に乗ってくると、より成長を意識して行動するようになります。

　それではなぜ、商品を作りすぎてしまう・取り扱いすぎてしまうのでしょ

うか。

　それは様々な顧客のニーズに応えようとするからだと思います。顧客を幅広に捉え、大体のニーズに対応できますという販売政策を採ろうとするからです。逆にいうと、自社の強みが活かせる顧客が絞り込めていないことになります。

いわゆる顧客のターゲティングです。
「我々にとっての顧客は誰か」（ドラッカー）をまず第一に決めるべきで、それが本質的課題だと思います。

　ドラッカーによれば、マーケティングとは、販売を不要にする活動です。具体的には、「誰に」、「何を」、「どうやって」売るかを考え実践する活動です。最初の「誰に」が、自社にとってのターゲットを決めることです。次にその顧客が求めている価値を実現できる強い商品（自社の強みを活かした商品）を提供することが必要です。そうすることにより、必然的にターゲット顧客ごとに商品も絞り込まれることになります。これは 2 で述べた通りです。

「マーケティングとは、販売を不要にする活動である」
「マーケティングとは、採算管理コストを極小化する活動でもある」

C. 業績評価

　3つ目に、上記に関連するテーマとして業績評価について考えてみます。コストダウンをノルマ管理等で統制するのはよくないと言いましたが、コストダウンによる利益の増加を重要な業績評価基準（評価指標）にしている場合は、品質を犠牲にしたコストダウンや、さらに会計不正 (*) を引き起こ

す可能性もあります。

(*) 原価調整を行い見かけの利益を増加させる行為等

業績評価指標は、本来何をもって業績を向上させるのかという観点で検討すべきであり、顧客満足を高める・顧客にとっての価値を提供する・価値に見合う値決めを行うことで粗利益を確保・向上させるといった本来の経営行動が推進されるものでなくてはなりません。しかし、評価がしやすい等、測定がしやすい等のテクニカル的な理由で、安易に指標を設定するケース（例えば、原価率や材料費比率等）があります。その結果、評価を上げること＝その数値をよくすることが目的となり、本来採るべき行動が軽視される可能性があります。今一度、何のために業績評価を行うのかという原点に立ち返って検討することが重要です。

8　ROEの高め方（上場企業向けコラム）

上場企業の場合は、株価と相関関係があるためROE（自己資本利益率、Return On Equity）が注目されています。ROEを高めるために、短期的な方策として配当アップや自社株買いを行うこともあります。ここでは、本業の利益率をベースに長期的にROEを高めていく方法を検討します。

ROEを高める方法を検討するために、ROEを要素分解します。

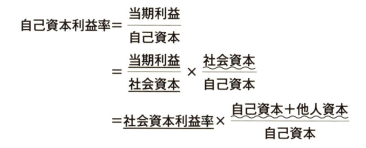

$$= 社会資本利益率 \times \left(1 + \frac{他人資本}{自己資本}\right)$$

　先に説明した社会資本利益率は分子を営業利益としましたが、ここでは当期利益としていますが、社会資本利益率を上げる手法は同様です。

　括弧内の【$\frac{他人資本}{自己資本}$】は、有利子負債比率と呼ばれます（英語の頭文字をとってD/Eレシオとも呼ばれます。）。

　有利子負債比率は、一般的には財務の健全性の観点から、その値をできる限り低くすることが望ましいとされます。

　しかし、持続的成長・永続経営の観点からは、別の視点に注目することが必要です。

　なぜなら、将来を見据えた戦略投資を行う際は、自己資金だけでなく借入金も必要になる場合が多いからです。また数値データとして次のようなデータが得られています。上場企業の財務データを分析した結果、長寿企業ほど有利子負債比率が高い傾向にあります（2011年の決算期データによれば、存続年数50年以上の企業の平均が70％台前半、存続年数100年以上の企業の平均が80％台半ばとなっている。）。ただし、業種によっては（労働集約型のサービス業と、設備集約型の製造業や小売業とでは）数値は大きく異なりますので、あくまでも参考情報として捉えていただければと思います。

　思い切った戦略的な投資は、冒頭に紹介したビジョナリー・カンパニーの特徴の1つ「社運をかけた大胆な目標を持つ」にも通じています。

　以上をまとめると、永続経営の観点からは、有利子負債比率については一定の水準、適度な水準を検討することが重要です。

ROE 向上の実現プロセス（中長期的視点の重要性）

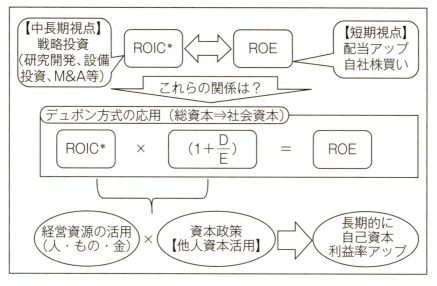

＊ROIC：社会資本利益率（投下資本利益率）（Return On Invested Capital）

5 永続マップの【Employee Satisfaction Area】

　4 の社会資本利益率の実現ツリーにおいて、「行動するのはすべて人」と記載しましたが、永続マップの3つ目のゾーンは、この「人」をテーマにみていきます。

1　社員が成長するための重要なテーマ

はじめに、社員が成長していくために重要なテーマを図に示します。

「育つ環境」（社員が主役の経営）を中心におき、その周りに「採用」、「教育」、「社員満足」、「長所伸展」を置いたものです。「採用」から順番に説明をしていきます（②採用、③教育、④育つ環境、⑤社員満足、⑥長所伸展）。

社員が成長するために重要なテーマ

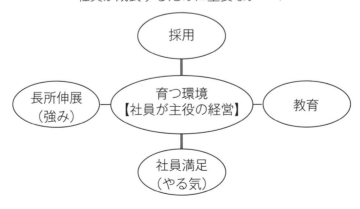

2　価値観の合う人財の採用

「企業は人なり」ですから、人財の採用は最重要事項です。ただ、現状の業績との兼ね合いで、人の採用が先か、売上が先かで迷う場面があります。確かに売上（利益）が上がらないと人の採用も困難となるため、2 永続マップの【Profit Area】が重要であることは言うまでもありません。しかし短期の利益を優先し人への投資を怠ると、将来の成長、売上・利益の獲得が困難になります。したがって、未来の売上を担う社員を計画的に採用していくべきです。さらに採用を計画的に行っていくことは、組織の閉塞感を防ぎ組織を活性化させます。中堅若手は、新人に教えることを通じ、また上位の仕事を受け持つことにより成長していくことができます。さらに管理職や幹部は現業を少しずつ下位者に委譲しながら、未来のための業務時間を増やすことができます。つまり、現場は若い人たちに任せていき、上位者は将来のための活動に少しでも多くエネルギーを注ぐことができるため、企業の持続的な成長につながります。「人件費」というコスト意識を持たず、「資産」すなわち将来の売上・利益のための投資であるという意識を持って、計画的に採用していくことが重要です。

その際、重要なのは、会社の価値観に合う人材の採用です。全国のトヨタ販売会社（約300社）の中で、調査開始以来、顧客満足度トップの座を1度も譲ったことがないというネッツトヨタ南国㈱では、1人当たり少なくとも30時間、多い時には200時間面接して、就職希望者が会社と価値観を共有できるのかを見極めています。

創業経営者であり、現相談役の横田氏は次のようにコメントしています。
「当社は面接で、待遇面は良くないと宣言します。それでもインターンシップなど通じて、従業員がお客様を感動させる仕事を目指している姿を目にし、当社で働きたいと言う人材はいます。そうすることでベクトルの近い人が集まり、自然と社内で理念を共有できるようになります。給与や休みな

どの待遇、昇進昇格の可能性に強い関心を示す人は採用しません。たとえ必要な人数を確保できないとしても。」

それだけ「価値観が合う」という要件は重要です。

GEを世界的企業（ビジョナリー・カンパニー）に成長させた名経営者、ジャック・ウェルチは、価値観の重要性を以下の図により説いています。

価値観と成果による人財の採用条件

	価値観（企業理念）	
	合わない	合う
成果 出す	転職すべき社員	できる社員
成果 出さない	退職すべき社員	成長すべき社員

（成長↑）

注目すべきは、4つのゾーンの左上の人財の処遇です。いくら成果を上げていても、価値観が合わない人財には退場願うというポリシーです。「腐ったリンゴの法則」（りんごがいっぱい入った箱の中に腐ったりんごを1個入れると、たちまち他のりんごも腐ってしまうという話）です。

ウェルチは、インタビューの中で次のように述べています。

「愚か者は組織に貢献する以上に害をなすということを、企業のリーダーは確信しなくてはなりません。愚か者は大きな成果はあげますが、彼らが組織の文化や総合的な競争力に及ぼす害の方がはるかに大きいのです。このよ

うな考え方を受け入れれば、愚か者を排除するのはかなり簡単です。リーダーは、社内のすべての人間に、会社が重視している価値を周知徹底させなければなりません。それらの価値を自ら実践し、他の人々が実践していたら惜しみない賞賛と報奨を与え、それらの価値についてうんざりするほどしつこく語り続けなければなりません。組織から愚か者をなくす真の決め手は、現在いる愚か者を辞めさせることです。」

3　人財育成は、計画的な教育投資から

　採用した社員を育成するためには、計画的な教育が必要です。
　研究開発と同様に未来のための投資である人財教育に、会社としてどれだけ投資を行うかについてみていくことにします（具体的な教育テーマや内容については割愛します。）。

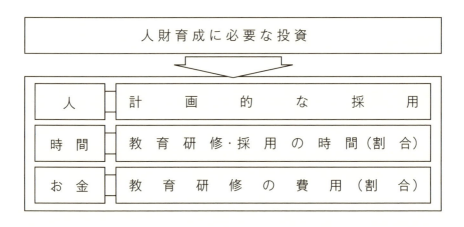

　計画的な採用については、先に記載した通りです。
　教育研修の時間については、2つの側面があります。

a. 従業員1人当たりの総実労働時間に占める教育訓練時間の割合
b. 経営者・幹部が教育と採用に費やす時間

　a. について、坂本光司研究室の調査結果によりますと、景気超越企業（景気の影響を受けない高業績企業）の大半は、5％程度以上という結果が出ています（*1）。
　b. については、いくつか代表的な事例があります。先に紹介したGEでは、イメルト会長が、仕事の30％を幹部候補の育成に充てています。また、エマソン・エレクトリックでは、ハイポテンシャル人財には、経営陣が直接研修を行い、エマソンの企業文化を伝授している。幹部は、社内研修や会議で世界各地を飛び回り、執務時間の80％を費やしています。

　次に教育研修（教育訓練）の費用についてです。
　GEでは、自社の幹部を育成するために年間で10億ドル超の金額を費やしています。これは売上の約1％に当たります。また、売上高に対する教育研修費比率について、0.3％以下の会社で安定的に業績の高い会社はなかったという調査結果があります（*2）。
　日本の企業をみると、中堅企業の中でも経営者が人財教育を重視している会社は、毎年一定の費用をかけて教育研修を行っており、業績も好調を維持しています。
　筆者の担当クライアントでは毎年、経営者と教育の対象者とテーマを協議し、集合研修から各現場業務への落とし込みまで、約半年のプロジェクトで取り組んでいます。参加者は、中間発表会と最終報告発表会で研修の成果を経営陣に対して発表します。この発表を通じて、少しでも成長できたという実感を共有し、また経営者の人財教育にかける思いを再度確認することができます。そのため、参加者は会社が自分のためにこれだけの投資をしてくれることを意識し、日々の業務にどれだけ活かせるかを真剣に考え、実際、業

務に活かすことができています。

　GEやエマソンの例にあるように、経営者や幹部が自ら教育にこれだけの費用と時間を費やしていることは、「企業は人なり」の通り、人の重要性を象徴しています。

　教育のテーマや内容は階層によって様々です。特に、新人や若手、管理職候補者、幹部候補者などは、必要な知識やスキル、能力を身につけるための教育が必要です。ビジネススキル、コミュニケーション力、問題発見・解決力（社内の問題だけでなく顧客の問題も含みます。）、マネジメント、リーダーシップなど、階層に応じた教育内容を計画的に実行していくことが重要です。

　本書では、教育の詳細な内容を説明することは割愛しますが、ここでは、何をメインテーマとすべきかについて説明します。
　それは、「目的意識」と「考える力」です。
　この仕事は何のためにやるのか、どういう意味があるのかを考え理解することは、仕事の質とスピードを高めます。目的が明確になり物事の根本が分かると、的確な手段（問題の解決策）が明確になるからです。さらに目的意識は、自ら「やらされ感」を排除し、前向きさ、改善、成長意欲を醸成します。
　考える力は、目的意識を持つことで養成することはできますが、会社のDNAとして「考える」ことを浸透させることが重要です。
　創業以来黒字を継続・高利益率の未来工業では、「常に考える」をスローガンにしています。「常に考えろ」ではなく、「常に考える」の意味として、創業経営者であり現相談役の山田昭雄氏は、その著書（*3）の中で次のように言われています。
　「経営者や上司が命令しているうちは、自分の頭で考え、行動する社員は

育たない。社員一人一人が自分の頭で常に考え、実行してみる。もし失敗すれば、すぐに改める。それを繰り返すことで、初めて考えることが身につく。それが未来工業の考え方で、社内では、「未来イズム」と呼んでいる。」
　一方、先に紹介しましたネッツトヨタ南国の横田氏も、自分で考えることの重要性を言われています。同社では上司からの指示や命令がないので、「自分で考えて行動している。しんどいことだが、やりがいがすごくある」と、従業員がコメントしています。自ら考え、自ら判断し、自ら実践することで、自発的な従業員へと成長していきます。つまり、トップダウン方式の上から命令が下りてくる組織ではなく、社員が自ら考えて動く組織を作ることで、社員のやりがいが高まり、ひいてはそれが顧客の満足度向上、売上増につながっています。
　さて、考えることは、何も会社で仕事をしている時に限りません。「考える力」を伸ばすには、考える訓練も必要です。

　ここでは、毎日費用をかけずにできる、考える訓練を紹介します。
　ビジネスパーソンであれば毎日朝刊は読んでいると思いますが、問題はどう読むかです。
　例えば、あの会社が販売方法に変えたとか、新しい市場に進出した等、成功事例も含めて沢山の事例が入手できます。
　ただ、事例の入手・知識の習得だけで終わったのでは、考える力にはなりません。
　ポイントは、「なぜこの会社は、そのような販売方法を採用したのだろうか、なぜ今新しい市場に進出したのか」という理由・目的を考え、その情報に注目することです。そこに詳しく書いていなければ、仮説を立てて保存しておくことです。数日後の新聞の別の記事で検証できることもあります。「絶えずなぜを考え・自問自答し、仮説を立て検証する」、この繰り返しこそが、問題発見力、問題解決力の習得につながります。

また、問題発見の良いネタがあったら、朝礼や部内ミーティングで共有し意見交換すると刺激になり、さらなる考える力の向上につながります。

　ところで、新人教育については、具体的かつ明確な育成目標を持つことが大切です。B to B の法人向けサービスの業界でいえば、クライアントが属している業界知識、クライアントの製品、ビジネスモデル、市場や顧客、同業他社など最低数冊の本を読みこなし、徹底的にクライアントを知ることが基本です。ある意味プロとしてのマナーとも言えます（もちろん、我々会計士の業界も同様です。）。

　新人はクライアントから、「よくご存知ですね。」、「うちのことよく勉強してますね。」と言われるのが目標であり、それがそのまま先輩や上司の教育目標です。これはどこの業界でも同じであると思います。新人教育のレベルをみれば、その会社が人材育成にどれだけ力を注いでいるかが分かります。

新人教育で会社の教育にかける重みが分かる

4　社員が育つ環境（社員が主役になる経営）

　未来工業では、「常に考える」が会社のDNA（社風）になっています。「常に考える・自分で考える」ことを実現するために、同社では、社員に「権限と責任を与え切る」、「仕事を任せる」を徹底しています。また、ネッツトヨタ南国でも、「上位下達・指示命令を排除」しています。

　このような環境を創ることにより、社員は自分で考え、自立し、成長していくことができるのです。

　つまり、社員が成長するためには「育つ環境を創る」ことが最も重要であり、123ページの図の中心に位置します。そして社員が主役になるためには、上記のような社風（DNA）と組織運営が重要になります。

⑤ 永続マップの【Employee Satisfaction Area】

　ここで海外の著名企業の事例を2社紹介します（*4）。

◀ゴア社▶

　50年以上黒字を継続、事業展開する世界50拠点で「最も働きやすい会社」の上位に位置。世界で最も革新的な企業。

階層と無縁の組織マネジメント

　『社員は全員が会社のオーナーであり、どんな仕事をするかを自分で決める。私どもの考えでは、上司が業務内容を指示するよりも、何をやりたいか、どの分野で最大の貢献ができるかを、本人に決めてもらったほうが、遥かに効果的である。ただし、いったん約束したら、それを守ることが期待される。だから、決める自由と成果の約束はコインの表裏である。

　創業者のビル・ゴアは、社員をどう率いて組織をつくるかについては、強い信念があった。「イノベーションを推進していかなくてはならない」という使命感が彼のモチベーションだった。革新的な製品を市場に送り出さない限り、会社の成功はありえなかった。

　ビルは、人間という要素について時間をかけて考えた。マグレガーが書いた『企業の人間的側面』、マズローの思想に感化された。当社の理念はこれらの哲学を土台にしている。もし、社員のやる気を引き出せなかったら。社員が新しいことを成し遂げられると思わなかったら。会社への貢献を評価されていないと感じたら。協働や知識の共有を奨励されなかったら。

　これらの場合、イノベーションを達成できないとビルは心得ていた。
　　　　　　　　　　　　　　　　　　W・L・ゴア社　ケリーCEO』

　社員が主役になる経営では、どんな仕事をするか、どの分野で最大の貢献ができるかは自分で決めるとされています。そしてそれゆえに社員はやる気

になるのであり、新しいことも成し遂げられるようになる。つまりイノベーションも実現できるのだと考えられています。上司が業務内容を指示しない点は、ネッツトヨタ南国、未来工業と同様です。

　仕事は自分で決めた方が効果がでるという点について、松下幸之助さんは、次のように言われていました。
　『「好きこそものの上手なれ」という言葉がありますが、人に仕事を任せるという場合、原則としては、こういう仕事をやりたいと思っている人にその仕事を任せる、ということがいいのではないかと思います。そういうようにもっていった方が、やはり結果がいい場合が多いような気がします。』

＜モーニング・スター社＞

　過去20年間、取引量、年商、利益ともに2桁増を続けてきた。世界一効率の良いトマト加工業者を自任。

自主管理こそが、組織マネジメント

　『自主管理の目的は、当社の組織ビジョンの実現にある。
　「チームメンバー全員が自主管理の達人になり、誰からの指示も受けずに、同僚、お客様、納入業者、業界関係者とのコミュニケーションや調整を図る会社になる。」
　モーニング・スターには上司はいない。代わりに、**使命が上司の役割を果たす**。社員は、使命の実現にどう貢献するかを自分のミッション・ステートメントに記す義務を負っている。**各自がミッション・ステートメントを持つことが、自主管理の土台である**。自主管理のもとでは、一人ひとりが会社を動かさなくてはならない。誰かに命令するわけにはいかないので、必要なことはすべて自分でやらなくてはならない。仕事に使うツールや機器を手配す

るのも自分の責任。当社には、購買部門もなければ支出を承認する上級幹部もおらず、誰もが発注権限を持つ。(中略)こんなわけで購買手続きは廃止、能力と情報を持つ人が判断を下す。**全員に本当の意味で権限を与えている。**会社側が社員の役割を決めるわけではないので、みんな自分の得意な仕事をすべきである。重要な信条の1つに「誰でもあらゆる分野の改善提案を出してよい」がある。よって自然発生的なイノベーションが多く、変革のアイデアは意外なところからもたらされる。

当社には上司がいないので、変革は自分たちで起こすものだと誰もが心得ている。

モーニング・スター　ルーファーCEO』

使命が上司の役割を果たすという言葉には、非常にインパクトがあります。ミッションが行動を規定する、ミッションがあるから正しい行動ができるということだと思いますが、この点、ドラッカーは、『非営利組織の経営』において、次のように述べています。「ミッションの価値は、正しい行動をもたらすことにある。」、「ミッションは、行動本位たるべきものである。」、そして好きなミッションの例として、かつての通信販売会社シアーズのミッションをあげています。

「われわれのミッションは、農家のためにバイヤー役を務めることである。」

このミッションの下では、採るべき行動は明らかであり、農家が必要とする優れた製品を安く安全確実に提供すればよいことになります。

モーニング・スター社の例は、ミッション経営が自主管理につながるという事例といえます。

新人教育等、業務上必要な教育を受けているという前提を置いても、実際

問題として、権限と責任を与えきり指示命令もせずに仕事を任せるということに躊躇する・不安だと思われる方もいらっしゃると思います。それではどうすればよいでしょうか。

- 人間の本源的欲求に従ってまず本人にやりたいようにさせてみる。
- 上司は基本的に最後まで見守る（どうしても必要な時のみ支援する。）。
- 本人が最後まで自分でやったという達成感と、その中で気付いた反省点を以降の業務に活かせるよう上司がうまくフォローする（上司はコーチ役に徹する。）。
- それ以降は、本人が自分で考え業務を行う。
- もし部下が答えを求めるような質問をしてきたら、上司は答えずに逆に質問する「あなたはどうすればいいと思うか（※）」。
- 定期的に業務状況を社員間で共有し、気付きと課題を見つける場を用意する。

（※）仕事を任せると言っておきながら、上司が部下の質問に安易に答えてしまうと、部下は自分で考える機会を奪われ、最悪は指示待ち人間になってしまいます。上司は、いったん任せた以上は、部下の成長のために、質問（気付きや成長を促す質問—いわゆるコーチング）を主体に育成することが重要です。

ここでは仕事を任せる・自分の頭で考えるということが、どのような効果や効用があるのかをみていきます。

社員を信頼して任せる場合 VS 社員を信頼せず任せない場合

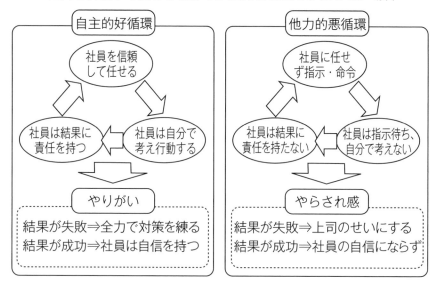

さらに自分で考えて行動すると、次のような効果があります。

動機付けと仕事の作業効率の関係法則

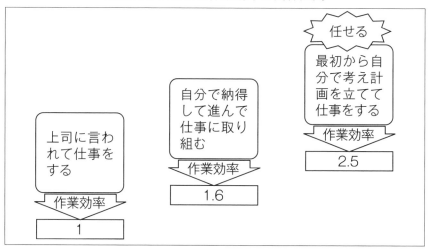

上司の指示で仕事をするより、自分で考えて仕事をすると約3倍の作業効率になることが専門家により実証されています。

　つまり、外発的動機付け＝誰かに言われたからやるよりも、内発的動機付け＝自分で気付いてやる方が、作業効率もクオリティも高いものになるということです。

　社員が得意なこと（貢献できると思うこと）を業務内容とし、計画〜作成〜実行までを全て任せ、上司がそれを確認し、フォローするという体制が重要です。

5　顧客満足の前に従業員満足

　従業員満足あっての顧客満足。この言葉の意味は次のようになります。

顧客を満足させようとする従業員が満足していないかぎり、顧客に満足を与えることはできない。

　それでは、従業員満足実現のためのポイントをみていきます。
　まず、ハーズバーグの動機付け・衛生理論を紹介します。
　ハーズバーグの動機付け・衛生理論（2要因理論）とは、アメリカの臨床心理学者であるフレデリック・ハーズバーグが提唱した職務満足及び職務不満足を引き起こす要因に関する理論です。人間の仕事における満足度は、ある特定の要因が満たされると満足度が上がり、不足すると満足度が下がるということではなくて、「満足」に関わる要因（動機付け要因）と「不満足」に関わる要因（衛生要因）は別のものであるとする考え方です。

○**動機付け要因**
　仕事の満足に関わるのは、「達成すること」、「承認されること」、「仕事そ

のもの」などです。これらが満たされると満足感を覚えるが、欠けていても職務不満足を引き起こすわけではありません。動機付け要因は、**マズローの欲求段階説**でいうと、「自己実現欲求」、「自尊欲求」に該当する欲求を満たすものとなっています。

○衛生要因

仕事の不満足に関わるのは、「処遇」、「給与」、「対人関係」、「作業条件」、「会社の方針と管理方式」などです。これらが不足すると職務不満足を引き起こしますが、満たしたからといっても満足感につながるわけでもありません。

図で整理すると次のようになります。

モチベーション理論──ハーズバーグの動機付け・衛生理論（2要因理論）

1959年、フレデリック・ハーズバーグ：人間には2種類の欲求がある（人間的欲求と動物的欲求）

『仕事への動機づけ』

仕事へのやる気を増大させる(促進要因)	仕事に対してやる気をなくす(阻害要因)
動機づけ要因(直接要因・満足要因)	衛生要因(間接要因・不満足要因)
(1) やりがいのある仕事を通して達成感を味わえること(達成) (2) 達成した結果を上司や同僚に認められること(賞賛・承認) (3) 仕事の中に自己の知識や能力を活かせること(仕事そのもの) (4) 責任をもって仕事を任されること(責任) (5) 仕事を通して能力を向上させ、人間的に成長できること(成長)	(1) 福利厚生 (2) 給与 (3) 待遇 (4) 作業条件 (5) 人間関係 (6) 会社の方針 (7) 管理・監督のあり方

給与や処遇を決めるのが、人事評価制度・賃金制度であるため、上記の表は、下記のように言い換えることができます。

人事評価・賃金制度の限界

```
┌─────────────────────────────────────────────────────────┐
│     人事評価・賃金制度変更の効果は ─ から 0 まで          │
└─────────────────────────────────────────────────────────┘
┌──────────────┐        ▽
│ 従業員の満足度 │
└──────────────┘
┌─────────────────────────────────────────────────────────┐
│  ＋  満 足  ┃動                                          │
│     ↑     ┃機                                          │
│           ┃付                                          │
│           ┃け                                          │
│           ┃理                                          │
│           ┃論                                          │
│  0  普 通  ┠─────────────────────────────────────────   │
│           ┃衛                                          │
│     ↓     ┃生          ╲   効  果   ╱                 │
│           ┃理           ╲          ╱                  │
│  －  不 満  ┃論        ┌──────────────┐               │
│                      │ 人事評価・賃金制度の変更 │       │
│                      └──────────────┘               │
└─────────────────────────────────────────────────────────┘
```

満足度のマイナスからゼロまでが衛生理論のことを、満足度のゼロからプラスが動機付け理論のことを表しています。それでは次に動機付け理論と関連性が深いマズローの欲求5段階説をみることにします。

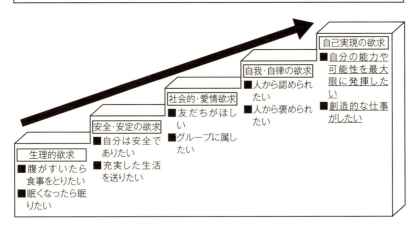

モチベーション理論—マズローの欲求5段階説

　5番目の自己実現の欲求は、「自分の能力や可能性を最大限に発揮したい」、「創造的な仕事がしたい」といったもので、イノベーションの源ともいえます。先に紹介した3Mは、この自己実現欲求を実現する手段として、15%カルチャーを採用していると言えます。従業員がやる気になれば新規のアイデアも出ますし、満足度が向上し定着率が高まれば、重要な開発テーマの続行にもつながります。

　以上、ハーズバーグとマズローのモチベーション理論をまとめて整理すると、社員には3つの報酬が用意されていると考えることができます。

　3つの報酬とは、「お金の報酬」、「心の報酬」、「仕事の報酬」です。

　「お金の報酬」は、ハーズバーグの衛生要因とつながるものであり、「心の報酬」、「仕事の報酬」は、ハーズバーグの動機付け理論、マズローの自我・自尊の欲求（⇒心の報酬）、自己実現（⇒仕事の報酬）の欲求につながります。

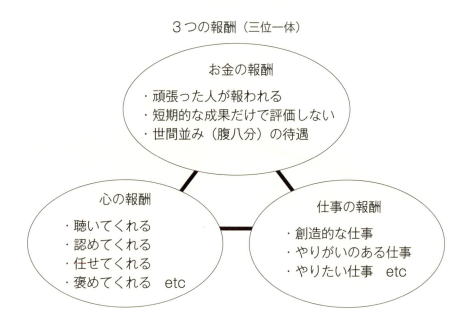

　上記の「心の報酬」については、対極にある行為とのバランスが話題になります。

聴く　：話す＝４：１
褒める：叱る＝４：１

褒めるのは、部下を期待している証でもあります。

　専門機関での研究結果と、経験則も含めるといずれの割合も４：１が望ましいようです。

　どれだけ高い給与をもらっていても、残業がなく定時で帰れる仕事であっても、「やらされている」仕事では、従業員は幸せを感じられず疲弊します。

従業員が働く中で幸せを感じられるようになるためのポイントは、「やりがい」だと横田相談役（ネッツトヨタ南国）は言います。「お客様の感動を目にすれば、従業員は働くことに喜びを見出します。大切なのは待遇面の充実ではなく、従業員が働くことに喜びを見いだせているかです」。

お客様の感動の実現は、日頃からお客様に満足していただくために何が必要かを常に考え実践しているからだと思います。「お客様がこちらを理解していただけないのは、こちらに問題があると常々考える」や「車だけを直すのではなく、心からお客様の心配を取り除いてあげることに重点を置いている」などの日々の積み重ねにより、お客様に感動を与えることができるのだと思います。

以上をまとめると、次のようになります。

- 社員に任せる
  ⇒やりがいを感じる⇒顧客のために考え実行する⇒顧客に満足を与える
  ⇒やりがいを感じる⇒顧客のためにさらに考え実行する⇒顧客に感動を与える
  ⇒さらなるやりがいを感じる……

の好循環が回り続けます。

ここで従業員満足に関する事例を紹介します。

＜介護事業者の事例＞

老朽化した施設で少額の修繕しか施さなくてもスタッフのサービスがよく、利用者の紹介で稼働率を90％以上を確保しています。一方、お金をかけて改修した施設でも、稼働率は80％を下回る施設もあります。経営者は売上を上げろと言い、売上を上げるために設備にお金をかけても、売上が上がらないケースもあるという事例です。やはりスタッフのやる気・モチベー

ションをいかに高めるか。そしてその前にミッションをいかに浸透させるか。施設長が売上の前に利用者満足の向上、そのために従業員満足を重視している施設は、結果として売上を伸ばしています。

経営者は何に投資すべきか。何を重要視すべきか。それを教えてくれる事例です。ハードにお金をかける前に、人の力を生かす・教育や満足度アップにお金をかけるべきといえます。

なお、社員満足については、顧客満足度と同様に定期的に意識調査を行うなどして、満足度の把握と改善のPDCAを回すことが重要です。

最後に、社員満足とコンプライアンスの関係について説明します（コンプライアンスとは、法令・規則、社内のルールをいいます。）。

永続経営をテーマにしながら、コンプライアンスのテーマがないと思われた読者の方もおられると思います。実はすでに答えがあります。

それは「社員満足こそが、最高のコンプライアンスである」ということです。

いくら立派な倫理規程や行動規範を作り、教育も行い、あるいはホットラインや内部通報制度を導入しても、コンプライアンス違反が起きるのはなぜでしょうか。

それは、従業員が会社に満足していないからです。

満足していれば、会社に迷惑がかかることは絶対にしようとはしません。

むしろ会社のイメージアップ、ブランドを高めるために一生懸命働きます。

その裏返しとして、会社は終身雇用を貫いており、何があっても自分を裏切らないという信用があるからこそ、社員は会社に対してロイヤリティが持てるのです。

コンプライアンスの制度・仕組みは必要ですが、それだけでは、不十分であり、社員満足の実現と向上を最優先に考えるべきです。

会社へのロイヤリティ【社員満足】こそが最高のコンプライアンス

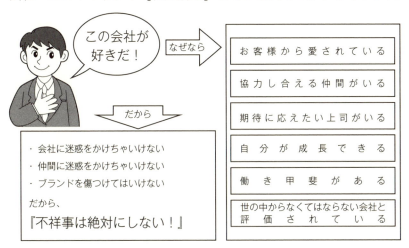

6　長所伸展（強みを活かして伸ばす）

社員が成長していくためには、社員がもって生まれた長所、長所に基づき形成されている強み（仕事や成果につながるもの）を伸ばすことが非常に重要です。

長所を伸ばすことの重要性を、船井幸雄さんは次のように述べています（*5）。

長所伸展の法則

「私が長所伸展法について、「好きなことだけやればいい」という言い方をするのは、もちろん心からそう確信しているからです。なぜなら人はみな、

「自分の使命」を果たすために、必ず何かの長所を持ってこの世に生まれてきます。逆に、その人がしてはいけないことというのもあって、そんなことをやっても失敗するだけだからやめなさい、という意味で欠点があるのです。

　長所を生かして生きていくのが、自分の使命を果たすための正しい生き方です。逆に欠点を矯正して無理にでもできるようにしなければならない仕事など、この世に存在しません。そんな仕事はその人の任ではなく、ましてや使命ではないのですから、やってはいけないのです。やれば必ず失敗します。

　この使命というのは誰でも持って生まれてくるものです。自分の使命を知り、使命感を持ってその使命を果たすべく日々努力する生き方が、すなわち長所伸展法の実践ということになります。」

　次に元経団連会長土光敏夫氏の言葉を紹介します（*6）。

人はその長所のみとらば可なり。短所を知るを要せず

「この荻生徂徠の言葉は、まことに感銘深い。
　完全な人は存在しない。どんな人にも長所短所が必ずある。そこに人生の妙味があるはずである。
　ところが、人が人を見る場合、とかく長所は見たがらず、短所を見たがる。飲み屋でのサラリーマンの会話を聞いていると、そのことがよくわかる。
　職場でも五十歩百歩である。短所をあげつらう、減点主義が横行している。こんなマイナス評価は、人の心を腐蝕するばかりだ。
　私は徂徠説をよしとするものだ。どんな人にも必ず一つぐらいは長所がある。その長所を活用するのだ。長所をどんどん伸ばしてゆくと、短所はだん

だん陰をひそめてゆくものなのだ。
　チームワークといわれるものも、各人の長所をうまく組み合わせることにほかならない。一人ひとりの長所が異質的であるほど、チームワークの相乗効果は大きい。そのためには、個性ある人を尊重すべきだ。個性ある人は必ずしも優等生ではない。優等生主義は、もうはやらなくなるにちがいない。」

　先に事例として紹介しました日本電産の永守社長は、次のように言われています。
　「部下には得意なことだけをやらせておくのが一番である。
　社員の1人1人に苦痛を与えて弱点を克服させるよりも、得意なことをどんどんやらせて長所をさらに大きく伸ばす。その社員の弱点は、それを得意とするほかの社員にフォローさせる。これが組織運営の要諦で、人を動かす最重要の事項である。」(*7)
　解説は不要ですが、長所を伸ばすことがいかに大事で大切か痛いほどよく分かります。
　さて冒頭に長所と強みについての関係を簡単に記載しましたが、改めて考えると次のようになるかと思います。

　例

長所：前向き・積極的、向上心がある、好奇心旺盛……
強み：アイデアを形にしていける、語学力を活かした海外経験が豊富、現地人とのパイプを作ることができる……
　会社としては、企画開発部門で新商品の企画や開発の仕事で強みを発揮してもらいたい、海外事業の拡大に強みを発揮してもらいたいというような展開になるかと思います。
　長所を伸ばすということは、伸ばせる場を与える、やりたいこと・好きなことをさせる、チャレンジさせるということだと思います。やってみて上手くいった・成果があがったとなれば、それが強みになる。強みとして認めら

れれば新たな機会で活かす、そこで強みを磨きさらに伸ばしていく、このような展開が望ましいです。

強みとは、経験や成果に裏づけされ他人と差別化できるものと考えることができます。

長所を起点にして、会社に貢献できれば、社員も会社もハッピーです。

ドラッカーは「経営の本質とは、成果をあげるために、強みを活かすことを考え実践することである」(*8)と言っています。会社は社員の集合体であるならば、会社が強みを活かすには、社員一人ひとりの強みを活かすということがベースになければなりません。

「長所を伸ばし強みを活かす」ことは、リーダーの重要な仕事です。

長所を伸ばし、強みを活かす

まずは	次に	そして	さらに
長所に合った職場を用意する	やりたいことをさせる・チャレンジさせる	強みを創る	強みを活かす
やりたいこと・好きなことを聴く	成果が出るようにサポートする・応援する	自他ともに強みとして認識する。上司が認める。	強みをベースにした適時・適材・適所の仕事の割当てをする

ただ、現実を考えると、やりたいことをさせることは簡単ではありません。なぜならば、組織にはやるべきことがあるからです。

○やりたいこと VS やるべきこと

　通常やるべきことは、会社の経営目標達成のために計画されます。つまり売上目標・利益目標達成のためにやるべき施策です。しかし社員のやりたいこと・やりたい方法とは必ずしも一致しません。多くのビジネスパーソンは、会社とは組織とはこういうものだと割り切って仕事をしているのではないでしょうか。義務感で行う仕事はやがて社員を疲弊させます。しかし先に事例で紹介した伊那食品工業、未来工業、ネッツトヨタ南国の社員はいきいきと仕事をしています。そこにはやりがいがあります。社員は目標（売上・利益）のためではなく、目的のために仕事をしています。いい会社だねと言われたい、顧客に喜んでもらいたい、顧客に感動を与えたい。そのために仕事をしています。しかも目的を達成するための方法は、上から与えられるのではなく自分で考えます。自分でやりたい方法を考え創意工夫し、時には失敗しながらも最後は顧客に喜んでもらいます。

　つまり目的のためにやるべきことはやりたいことと一致します。そこには満足感、やりがい、やる気もあります。

　結果として、生産性を向上させ、顧客の満足も実現します。そして、売上と利益がついてきます。

　ちなみに伊那食品工業、未来工業には売上目標がありませんが、結果として増収増益、高利益率を実現しています。ネッツトヨタ南国には「できるだけ多くのお客様に、できるだけ大きな満足を提供する」という目的があり、お客様満足と販売台数の両方のバランスを実現しています。

　ネッツトヨタ南国は、この経営目的と、それを理解・実践できる社員の採用及び組織運営（指示命令・上位下達なし）により両方のバランスを実現していますが、社員が顧客満足のために考える方法を販売目標施策と重ね合わせ両立できるよう調整し、社員をリードする。これが本来のミドルマネジメントの役割だと思います。

7　人財成長度と強み活用度

　人財育成投資や社員満足のしくみが大変重要であることは説明しましたが、その結果として、社員がどの程度成長しているか、また強みは活用されているかを確認する必要があります。

　いずれも毎年行う人事考課ミーティングで協議するのがよいと思います。人事考課は社員が成長するための**課題**をリーダー（幹部・管理職）全員で**考える**場だからです。前回（半年前又は１年前）に比べて、課題は改善されているか、その結果成長が認められたかを協議することにより、成長度合いを確認することができます。またその過程で強みを認識することもできます。どんな強みがあり、どのような業務・分野で発揮できたかを把握することは、組織運営上重要です。もし活かされていない強みがあるとすれば本人にとっても会社にとっても大きな損失なので、どのような分野で活かせるのかを真剣に協議することが必要です。つまり、本来の強みが発揮できず活かせていなければ、それは本人の責任ではなく、会社（経営者・管理職）の責任です。

　また成長のための課題を本人に伝え、どうすべきかを一緒に考える場である考課面談も重要です。ポイントは、まず、本人に課題を考えさせることです。それに対して上司がコーチングによる質問を行いながら、リーダーが考える課題を認識してもらいます。場合によっては、本人が考えた課題が本当の課題であるケースもあります。本人が納得した課題であれば、本人に課題の解決策まで考えさせることが重要です。さらに重要な点は、長所を伸ばし強みに持っていく上での課題、前向きな課題を共有することが大事です。欠点をどう改善するかよりも、よい点をさらに伸ばすにはどうしたらいいかという視点で考えるべきです（長所伸展の法則）。

- 良い点は褒める
- 良い点を伸ばす
- できていない点は本人に考えさせる（上司が欠点を追及しない）

・最後に期待していることを伝える

　このようにして考課の納得感を高めることが、公正で受入可能な評価につながるものと思います。人事評価で絶対はありません。評価の客観性にばかり気をとられて、いくらシステマティックな評価基準をつくり、机上での評価に時間をかけるよりも、人事考課及び考課面談にエネルギーと時間を注ぐべきです。

8　協力会社も従業員の一員という意識

　協力会社（仕入・外注先）に対するコストダウンが常態化すると、品質向上や技術開発に関心がうすく余力もない取引先しか残らず、結果的に顧客に満足・価値を提供できなくなります。これは中長期的には大きな損失となりますので、協力会社は従業員と同様に大事にすべきです。そのためには、定期的に（年に2回や1回など）協力会社との意見交換会・懇談会を開催し、会社の現状・考えを伝え、品質向上や納期短縮、さらに技術向上に向けて協力体制を築くことが重要です。協力会社にとっても、品質や技術が向上すれば新たな販路も築くことができるなどメリットもあります。つまりWIN-WINの関係を築き上げることが大事です。

　したがって、協力会社についても、従業員と同様に成長しているかどうか（品質の向上など）、強みを活かせているかどうかについて、定期的に把握し、協力して改善していくことが重要です。

　日本の長寿企業（200年企業）の中には、協力会社との関係を大事にしている企業が多くみられます。ここでは2社を紹介します。

＜1730年創業の高橋提燈＞ (*9)

家訓は、「元裕先廉」。素材の調達元からは若干高値で買い、販売先である客には安く売るという意味です。当然もうけは減りますが、それは経営努力で何とかなるといいます。さらに支払は手形は使わず現金決済にする。取引先の印象がよければ納期を早めてくれたり、無理を聴いてくれるようになる、という趣旨です。

通常の商売のセオリーとは真逆である「元裕先廉」は、目先の利益よりも長期的な信頼関係の確立に重きを置く考えといえます。

＜1689年創業の半兵衛麩＞ (*9)

家訓は「先義後利」。正しい人の道を先にして利益は後にするという意味です。また、先祖の言い伝えに、以下のようなものがあるといいます。

「言う」に「人」（にんべん）がついたら「信じる」になり、「信じる」に「者」がつくと「儲かる」になる。

つまり、商売の基礎は、"信者"を作ることである、という教えです。同社の「社是（感謝）」は、「人さま　ありがとう　お客様に　納入してくれる人に　お電話の人に　一緒にお仕事する人に　過去の人も　生きている人も　みなさま　ありがとう」に始まり、さまざまなものへの「ありがとう」が綴られています。

感謝の気持ちと　信頼関係を大事にする「先義後利」の思想が伝わってきます。

5　参考文献

(*1)『小さくてもいちばんの会社』坂本光司＆坂本光司研究室（著）講談社（発行）
(*2)『社員と顧客を大切にする会社』坂本光司（著）PHP研究所（発行）
(*3)『ホウレンソウ禁止で1日7時間15分しか働かないから仕事が面白くなる』
　　 山田昭雄（著）東洋経済新報社（発行）
(*4)『経営は何をすべきか』ゲイリー・ハメル（著）ダイヤモンド社（発行）

(*5)『長所伸展の法則』船井幸雄（著）小山政彦（著）ビジネス社（発行）
(*6)『土光敏夫　信念の言葉』PHP研究所（編）PHP研究所（発行）
(*7)『「人を動かす人」になれ！―すぐやる、必ずやる、出来るまでやる』永守重信（著）三笠書房（発行）
(*8)『ドラッカーの遺言』ピーター・F・ドラッカー（著）ダイヤモンド社（発行）
(*9)『200年企業』日本経済新聞社（著）日本経済新聞出版社（発行）

6 永続マップの【Customer Satisfaction Area】

これまでの内容で顧客満足についてはふれてきましたが、改めて4つ目のゾーン「顧客満足」についてみていきます。

1　社内ではなく顧客を向き、顧客満足の実践

指示命令・統制がいきわたると社員は上司の言うことが気になり、社内をみて仕事をするようになります。ですので、自分はいったい誰のために・何のために仕事をしているのか、経営者・リーダーはまずこれを社員に浸透させ、そのための組織運営をしなければなりません。これが、経営理念の実践です。

またそのためには社員満足を実現することが重要です。社員満足あっての顧客満足です。社員の仕事のやりがいが経営理念の実践になるよう、顧客満足の実現になるようにすることが重要です。

さて、顧客満足を実践しようという時に、何をもって満足を実現させるかの要素が重要です。

顧客満足は、品質（Q）、価格（P）、サービス（S）の3つの要素で考えることにします。品質には商品の納期・製品の安全も含みます。また、サービスには、スピードや安心感も含みます。3つの要素をすべて高い満足度を実現することは困難です。品質を高めればその分コストは増え価格にも反映するからです。大事なことは、顧客にどの項目で一番満足して欲しいかを考え

実践することです。

　つまり、顧客の記憶に残る満足を実現できるかです。

　これまで会社が存続しているのは、顧客の支持を得て一定の顧客満足は実現できているからです。しかし、その状態で満足していたら顧客の要求レベルの変化やニーズの変化に対応できませんし、また競合他社と差別化することはできなくなり、顧客の維持が難しくなります。

　したがって、現状を上回る満足、さらには新たな顧客満足を提供することが必要になります。新たな満足のためには、$\boxed{4}$でみたイノベーションが必要になります。

　ここでは、会社の強みを最大限に活かし磨き上げることで、「これなら自社しかできないオンリーワン、あるいは、これなら一番を目指せる」といういわゆる「ダントツ」を目指し実現することを考えましょう。

　ダントツとは、自社の叡智を結集し強みを磨き上げることにより、自社ならではの・自社しかできない、他社が真似ができないような品質・サービスであり、顧客の満足を高いレベルで実現できることと定義します。

- サービスでダントツを目指す（例：でんかのヤマグチの裏サービス）
- 迅速サービスでダントツを目指す（例：事故対応時の素早い対応）
- メンテナンスサービスでダントツを目指す（例：何が何でも3日以内の修理）
- アフターサービスでダントツを目指す
- 新商品（商品開発・商品企画）でダントツを目指す
- 責任品質（信頼を裏切らない対応）でダントツを目指す
- 技術でダントツを目指す
- スピード対応（質問への回答、要望の受付〜サービスの提供）でダントツを目指す
- 販売員の接客対応（専門知識・提案力）でダントツを目指す
- デリバリースピードでダントツを目指す

- 価格（商品の絞込み・イノベーションでも可能）でダントツを目指す

ダントツを実現するためには、以下の点が重要です。
- 自社の強みを創り磨き上げる
- 自社の強みを集中させるために、顧客を絞り込み、商品を絞り込む

「自社の強みを発揮できる顧客を自社の顧客とし、自社の強みを集中させた商品・サービスを１番商品、１番サービスに磨き上げる」

　先に事例紹介したヤマト運輸は、「サービスが先、利益が後」の経営方針に基づき顧客満足を実現しました。さらに顧客の声から開発した商品で高い満足を実現していると言えます。
　また、電動工具のマキタは、「何が何でも３日で修理」という経営方針を貫くために世界中のどこの地域であろうと修理対応します。多少のコストアップなど気にしません。その象徴が拠点の数です。世界四十数カ国に進出しており、いずれの国でも細々と開設しているサービス窓口が強みです。経営方針がダントツサービスそのものであり、海外のメンテナンスサービスネットワーク網という強みが、ダントツサービスを実現しています。

　このようにダントツを目指して高い顧客満足を実現し、それを維持し、さらに向上していくためには、あらゆる面で創意工夫、改善・改良が必要です。
　トヨタ自動車では、「創意工夫」の改善提案件数を指標として設定し、件数のアップを目標としています。
　もちろん、顧客の満足度を把握し、不満項目を自社の商品・サービス等の改善に反映する真摯かつ地道な取り組み、組織的・全社的な対応が必要です。その上で顧客の期待を超えるような商品・サービスを、創意工夫・改

善・改良により実現する取り組みも重要です。

　そのためには常日頃から顧客の声を聴く、顧客と会話する、顧客の立場に立って改善点を考えることが必要です。

　業種・業態によっては、顧客の声を聴く、顧客と会話することが難しい業種もありますが、それでも創意工夫によって、対応は可能と考えます。例えば、スーパーにおいては、来店時の挨拶での声かけ、試食コーナーでの会話、レジでのお礼、ご意見のお願い等です。

　顧客との会話の重要性については、ザイアンスの法則で確認することができます。

ザイアンスの法則

1965年、米国の心理学者ザイアンスが発表した実験データ3つ

① 人間は知らない人には攻撃的、冷淡な対応をする

② 人間は会えば会うほど好意を持つようになる

③ 人間は相手の人間的な側面を知ったとき、より強く相手に好意を持つようになる

- 会えば会うほど好意を持つようになる
- 会話をすればするほど相談したくなる
- 親身になって対応してくれるので、悩みや困りごとも相談したいと思

うようになる
- 本当の不満も話してくれる

真の顧客満足度把握の出発点は、顧客との会話や対応、それに基づく信頼関係の構築にあると思います。

2　未充足の欲求を捉える

顧客の未だ満たされていない欲求は何かを知ることは非常に重要です。顧客の好みも変わりやすいため、主観的な世界の商品は特に、未充足が何かを探ることが大事であり、未充足欲求こそにイノベーションのヒントがあります。そのためには、顧客との会話、生活者の生活ぶりの観察が大事です。

Ｐ＆Ｇの元会長のラフリー氏は、社員に対してこんな質問で会話の口火を切り、数々の新商品の開発につなげていたと言われています。ターゲットの顧客が決まっている場合は「今満たされていない最大の欲求は何だろうか？　今一番不満を持っているのは何だろうか？」　この質問に現場が応える形で、ヒット商品を開発しています。

また一方で、ちょっとした工夫や改善で新商品開発を成功する場合があります。営業やアフターフォローの場面で顧客と会話する時には、営業だけでなく、開発や製造・購買部門も一緒に参加し、それぞれの立場で顧客の関心や欲求といった情報を探るべきです。

また、顧客の欲求は顧客自身も分かっていないことがあります。ドラッカーはコピー機やコンピューターを引き合いに出し、それらが誕生するまで顧客は具体的に欲求することはなかったと言います。日本での身近な例で言うと、東レの炭素繊維素材で開発したユニクロのヒートテックがあります。生地が薄くて着易く汗を熱に変えるという機能を持ったヒートテックを、明

確にイメージして欲求していた顧客はいなかったと思います。ユニクロがヒートテックという革新的な商品を開発し、新しい市場（顧客）を創造したのです。

　また、インドのタタグループが世界最安車「タタ・ナノ」を開発したことも顧客の未充足の欲求に応えたものでした。この車により新しい市場（手を伸ばせば買える顧客）を創造しました。

　この最安車誕生のきっかけは、タタ会長が、雨の日に男性が1台のスクーターに家族3人を乗せ、4人ともずぶ濡れになっている光景を目の当たりにしたことが始まりです。

　会長が、「車があれば雨に濡れずにすむのに、なぜ車を買わないのだろう」と自問し、車は買えないがスクーターは買える人のために、安全な交通手段を提供しようと2,200ドルの世界最安車を誕生させました。おそらく顧客は、こんなに安く車が買えるとは思っていなかったでしょうから、このような車を明確にイメージして欲しいとは考えていなかったと思います。

　次にダイソン社の事例をみます。
　家電開発の原動力は「利用者の怒り」にあるといいます。
　サイクロンクリーナー（紙パック交換が不要な掃除機）は、「紙パック交換が面倒で、お金がかかり経済的でない」という利用者の声に応えるために開発されました。
　また、羽のない扇風機エアマルチプライアーは、「子供が手を入れたら危ない、羽根やカバーの掃除が大変、重量が重い」という利用者の声から誕生しています。
　ちなみにサイクロンクリーナーは、5年の歳月と5,127台の試作品を経て完成したといいます。まさに長期戦略のイノベーションといえます（59ページの「研究開発の管理のポイント」の図を参照）。

3つ目にエーザイの事例を見ます。

顧客満足（CS）にとどまらず、顧客歓喜の最大化を目指すといいます。

消費者のまだ満たされていない欲求を丹念に把握し、商品開発に生かす。

例えば、文字が読みやすいパッケージ開発、割りやすい錠剤開発などです。

エーザイは、業務時間の1％を患者様のために使うことを推奨し、未充足の欲求（困りごとなど）の把握に努めています。

3　生産性向上は誰のため

上記のエーザイの事例やザイアンスの法則から、顧客のために使う時間や顧客との会話を増やすためには、生産性の向上が必要になります。

そして、生産性向上には業務の効率化（※）が必要です。

（※）業務の効率化：業務改善＋業務の標準化＋仕事の段取り・優先順位
- 業務改善：業務が重複、複雑なところをシンプルに改善する（仕事をすてる）
- 業務の標準化：人によってやり方が違いミスが起きるのを防ぐため、統一し標準化

業務の効率化は誰のためにするのか

- 会社（会社の方針・残業代削減など）
- 上司（上司の指示など）

これまでみてきたように、会社の方針、上司の指示で動くのは、やらされ感・義務感が先行します。結果は、思うような成果は出ないことになります。

それでは、誰のために効率化をするのか。

- まず顧客のためです。顧客のことを考え商品・サービスの向上を図るためです。

つまり、全員が社内ではなく顧客を向いて仕事を行う、つまり顧客志向が徹底されれば生産性は向上できます。なぜなら顧客のためならば自ら進んで時間を創り出そうとするので、必然的に生産性が向上できるからです。無駄が削減され、仕事がスピードアップするので、結果として会社の利益にもつながります。この顧客志向は、永続マップの普遍的テーマです。社員が顧客ではなく社内を向いている、上司を向いている、社員が義務感・ノルマ感で仕事をしている、そんな状況があるとすればそれは上司の責任であり、経営者の責任でもあります。義務感での仕事は結果的に生産性を低下させることになり、モチベーションも低下させるので、何も価値を生みません。

- 次に未来の会社のためです。将来の種まきを続ける時間を確保するためです。

日々が忙しくてイノベーションのことを考える時間はないという人もいます。

本当にどうにもならないほど忙しいのであれば、人を採用すべきでしょう。少しだけ余裕を創って将来の種まきを皆で行うのです。しかしそこまで行う必要がなければ、時間の使い方を少しだけ変えてみるだけでも違います。例えば、月に1回1時間〜2時間程度、皆（部門単位で）で集まる時間を創り、その時間で改善のアイデアや新規のアイデアを出し合うことをやってみましょう。最初に半期なり年間で予定を組んでしまうことがポイントです。そうすれば、最初からその時間はなかったものとして、仕事に取り組むことになるからです。

生産性の向上（業務の効率化）は顧客のため・未来の会社のため

ちなみに顧客のために考え行動すると生産性が向上するのは、5で紹介した「1：1.6：2.5の法則」（※2）に通じるところです。

(※2) 最初から自分で考え自分で計画して実行すると、上司の指示で実行した時よりも2.5倍作業効率がアップする。

もう1つ作業効率向上に効果がある事例を紹介します。
ホーソン効果といわれている事例です。
これは、シカゴ郊外にあるウェスタン・エレクトリック社のホーソン工場において、1924年から1932年まで行われた一連の実験と調査結果です。労働者に対して、周囲や上司が関心を高めることが、物理的要因以上に作業効率向上に効果のあることが判明しました。人は一般的に関心を持つ人や期待する人の心に応えようとする傾向があるとされています。これは、人から認められることが、従業員の満足を高める（やる気を高める）というハーズバーグやマズローのモチベーション理論に相通じます。

また、先に紹介した未来工業は1日7時間15分しか働かない・残業無しというルールを決めています。ゆえに必然的に仕事を効率化せざるをえない、よって生産性が高まる仕組みを創っています。

4　付加価値（労働生産性）を向上させる

作業効率が向上すると、商品・サービスの改善・改良・開発の時間が増えたり、顧客満足のための対応時間が増えるので、売上の向上につながります。そして、最終的には従業員1人当たりの付加価値（売上から、商品仕入又は材料費・外注費を差し引いたものを言い、売上総利益に近似します。）の向上につながります。したがって、売上総利益や営業利益の増加要因の1つになります。営業利益が増加するのは、営業費用のうち大きな比重を占める人件費

の伸び以上に付加価値が増加すれば、営業利益も増加します。

ここで重要な指標を示します。

労働分配率を統制するよりも、付加価値人件費倍率を高める

付加価値人件費倍率とは、付加価値÷人件費のことで、労働分配率の逆数です。

分子と分母の項目は同じですが、算式の意味は全く異なります。

労働分配率というと、人件費額を統制するという意味がでてきますが、付加価値人件費倍率というと、人件費の伸び以上の付加価値を上げる、人のやる気を伸ばし強みを活かして利益を上げるという前向きな意味が出てきます。

それでは、付加価値を高めるにはどうすればよいか。

それは、下記により売上を増加させることです。

a　顧客満足を高め購入回数と顧客の数をアップさせる
b　商品サービスの価値を高め販売価格を少しでもアップさせる

これらはでんかのヤマグチの事例でみた通りです。

ちなみに、でんかのヤマグチでは、1人当たりの付加価値額の目標（1,000万円）を設定しています。平均人件費の水準を維持・向上するための目標設定といえます。

5　組織の活力を創る

組織の活力は、未来工業やネッツトヨタ南国の事例でみた通り、社員のや

る気に左右されます。そしてやる気は、社風（自分で考える）や権限委譲により高まることはこれまでみてきた通りです。

そもそも組織の活力とは何なのか、またそれがどのような影響・効果を与えるのかについてみていきます。まず組織の活力のバロメーターとしては、社内のコミュニケーションが活発度合いと考えることができます。コミュニケーションがうまくいっている組織はおおよそ業績もよいです。なぜなら、組織の目的・目標が末端まで明確に共有されているからです。目的が明確に分かり、腹落ちすると自分の仕事に落とし込めるので、的確な仕事がスピーディーに実行できます。つまり会社の戦略が実行できるため、業績に結びつくわけです。さらに現場に権限が委譲され任されていると、現場の状況に応じた的確な対応もできます。

組織のコミュニケーションについては、部門の壁を取り払い全社最適を実現する観点から、かつて日産を再生させたカルロス・ゴーン氏が導入したクロスファンクショナルチーム（CFT）による現場改革、部門横断ミーティングによるコミュニケーションの重要性が認識されています。

以下に各社が行っているユニークな取り組みを紹介します。

- Intel 社の One to One ミーティング
  上司と部下がお互いに自分のことを教え合い、情報交換します。
  メンターやコーチングとは違い、人間的な関係を築くことが期待されています。
- Kinpton Hotel のバディシステム
  普段一緒に仕事をしない2人が1組になり、頻繁にコミュニケーションをとります。
  話題は何でもよく、上司への報告義務はありません。
  何か（会社のために）自分たちにできることはないかを考えるきっかけ、

意識を変えるきっかけになります。

また、組織活性化は、会議の仕方・内容にも左右されます。

会議や報告書のテーマは、「チャンス」を取り上げることが大事です。チャンスに目を向け、チャンスに集中するようになると、問題（弱み）に取り組むより、コストパフォーマンスが良くなります。なぜなら問題を解決しても元に戻るだけですが、チャンスをものにすると、青天井に業績を伸ばす可能性があるからです。管理者の目の前にあるのは問題点です。特に業績が目標に達していない分野の問題点です。目標未達成の原因分析は大切ですが、それと同じくらいチャンスの情報収集と活用が重要です。会議は先にチャンスの検討を行うとよいです。意識が前向き・建設的になっているため、問題点の解決策も斬新なものが出ることが期待できるからです。

これらの話は、前章で紹介した「長所伸展の法則」、「人はその長所のみとらば可なり。短所を知るを要せず」に相通じるところがあります。

最後に、組織の活力が環境変化への対応力につながっている事例を紹介します。

先に紹介した日本電産の事例です。

＜日本電産の情報収集力と環境変化への猛スピード対応力＞

〈週報〉 営業員やメンテナンス部隊、開発技術者が、顧客や取引先からの付き合いの中で、見聞きした市場の変化や顧客の動向などを書いたものです。永守社長は週報によって変化対応、攻めの打ち手など即断即決をしています。「世界のいろんな市場の小さな動きまであらゆることに目を光らせている、だからこそ即座に方向を変える決断ができる」としています。現場の最前線にいる高い意識を持った担当者が、精度の高い重要な情報をあげてきます。この毎週ごとの地道な積み重ねが組織の活力を生み出しています。

以上をまとめると、
- 組織のいたるところで行われる活発なコミュニケーション
- 高い意識と行動の積み重ね

これが組織の活力を生み出し、環境変化への迅速かつ的確な対応を実現しています。

6　改革の成功は会話の回数次第

キヤノンの改革を成功させた御手洗会長の言葉を紹介します（*1）。
「私はよく、インタビューなどで「なぜ利益優先主義や全体最適といった考え方を浸透させることができたのか」、「改革の成功の秘訣は何か」といったことを聞かれます。

その答えは、ひと言で言えば、「コミュニケーションの回数」なんです。自分の考えを理解し、納得してもらうためには、ただただ回数を重ねるしかありません。これは改革を行うときだけでなく、日ごろの経営姿勢としても大切なことでしょう。

人の話は、一度聞いたぐらいでは覚えられません。しかし、何度も同じ話を聞かされれば、その内容が自然と頭に入ってくる。だからこそ、回数を重ねていくしかないわけです。（中略）

どんなに立派な経営方針やのろしをあげても、それが現場の一人ひとりにまで浸透しなければただのお題目で終わってしまいます。その企業に属する人間として、共に成長を目指し、倫理を破ることだけはしてはならない。そうした「人づくり」を行うためには、ひたすらコミュニケーションの回数を重ねるしかないと私は思っています。」

上司は上に行けばいくほど経営者の目線、全体最適の目線に立ち、他部門

の管理職・社員との会話も意識して増やすことが重要です。

会話した分だけ自分に返ってきます。

逆に会話を怠ると、知らず知らずのうちに部下の気持ちが、心が離れてしまいます。

ですので、今この瞬間、この1日が大事といえます。

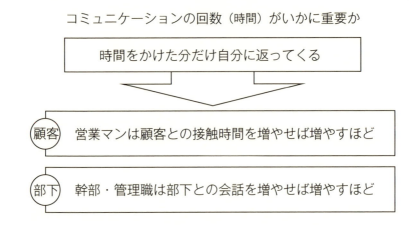

経営の神様と言われた松下幸之助氏は、次のように述べられています（*2）。

「大事なことは、訴えることである、と松下はたびたび話していた。「そのとき、よう心掛けていないといかんことは、その訴える内容について、責任者がどれほどの思いを込めておるかということやね。(中略) 100パーセントを部下の人たちに伝えようとするならば、責任者は1,000パーセントの思いを込めないといかん」(中略)

「それから、繰り返し話をする、繰り返し訴えていくということも大事やね。繰り返すことが、経営者の考えを浸透させることになるな」(中略) 松下は若いころ、3年近く毎日朝会で自分の考えを話したことがある。10分か15分ほどだが、繰り返し繰り返し自分の考えを訴えた。題材は自分の経

験したこと、きのう考えたことなど、その日によって替えていくが、しかし、究極言わんとすることは同じである。(中略)

「そしてもう一つ大切なことは、なぜ、ということを話すことや。ただ言いたいことや結論だけを言うというわけではあかんわけや。責任者が『なぜ』を説明することによって、社員はその言わんとする全体を理解することができる。そうしないと、社員はその責任者についてこんで」。

この「なぜ」を説明するということは、今のような価値観多様化の時代においては特に重要なことであろう。燃える思いで訴える、繰り返し訴える、なぜ訴えるかを説明する。この3つの繰り返しをしなければ、経営者の真意は社員には伝わらない。

最後に著名な経営者の方たちのコメントを紹介します。

コミュニケーションの回数、何回も同じことを言い続ける大切さ

伊藤忠商事 丹羽会長（元）	・対話を繰り返すしかない。トップが顔を見せて語ること ・「また同じことを言っている」と思われたらしめたもの ・「対話＆対話＆対話」しかない （同氏が社長だったころに実践していたこと）
伊那食品工業 塚越会長	・経営者というのは、徹底的に自分の考えを分からせる努力をしなければならない ・不変なもの（社是）をずっと言い続けて、徹底して末端まで行き届かせる ・月に1回位は、全社員（500人）を集めて、直接思いや考えを伝えている
キヤノン 御手洗会長	・一言でいえば、コミュニケーションの回数 ・「ただ、ただ回数を重ねるしかありません。何度も話してようやく社員に理念は浸透します。」 ・年始の全国行脚1カ月／毎月800人の幹部を集めて考え方を話す ・年2回のボーナス時は幹部800人に一声かけながら明細書を渡し、かたい握手 （同氏が社長だったころに実践していたこと）
セブンイレブン 鈴木会長	・直接会って、コミュニケーションすることが不可欠 ・毎週OFC（オペレーション・フィールド・カウンセラー）を本部に集めて1日FC会議 ・2,000人を全国から集めて会議をする（創業時より続けている）

6　参考文献

（＊1）『会社は誰のために』丹羽宇一郎，御手洗富士夫（著）文藝春秋（発行）
（＊2）『成功の法則』江口克彦（著）PHP研究所（発行）

7 永続マップを使いこなす

1　永続マップに実際の経営パターンをあてはめる

　本章では、永続マップを使って、実際の経営パターンをあてはめることで、改めて永続経営のための課題を認識します。

　すべてのエリアのテーマを実現している場合は、永続可能な経営を行っている状態といえますので、理想的な状況といえます。以下は課題を抱えながら経営をしている3つのパターンを見ることにします。

パターンA：短期視点重視、顧客第一を標榜するが社員は疲弊（現状維持）

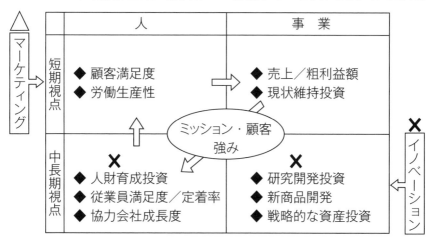

パターンAは、顧客第一の名のもとに、最低限の人数で経営している例です。何とか経営が維持できる売上・利益を出していますが、社員に無理を強いており、また新人の採用がほとんどなく、必要な時に中途採用でまかなっている場合です。社員の平均年齢は年々高くなってきており、組織にマンネリ感・閉塞感が漂っています。このまま将来のための投資をしなければいずれ縮小均衡になり、大きな環境変化が起こると対応できずに、経営不振に陥る可能性があります。

　このようなパターンの場合は、多少無理をしてでも毎年新人を採用していくべきです。上位者は下位者に徐々に業務をシフトしながら研究開発を行うべきです。未来に向かって少しずつ小さな成功を積み上げていくことが重要です。

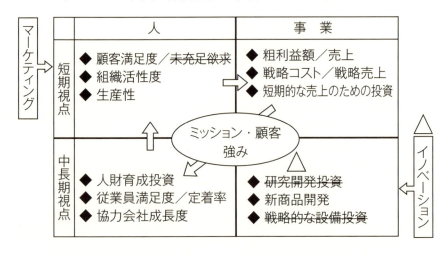

パターンB：社員・顧客重視、余裕ができたら投資パターン

　パターンBは、社員・顧客を重視し、環境変化にも対応し顧客ニーズに応える開発（商品・サービスの改善・改良含む）により戦略的な売上目標も達成しています。しかし長期的視点を持った継続的な研究開発と戦略的な投資

に課題があります。前者については、顧客の欲求、特に未充足の欲求は常に把握する努力をすべきです。そして未充足欲求をもとに継続的な研究開発を行い、新商品や新サービスを開発することが重要です。継続的な研究開発のためには、研究開発を一部の人に偏るのではなく、3 の成長の種まきで見たように、時間や人の手当てなど組織的な対応が必要です。未来への備えをすることで揺るぎない地位を確立することができます。後者についてよくあるケースは、お金に余裕ができたら一気に戦略投資というやり方です。これは堅実である一方、成長機会を逃してしまう可能性があります。したがって、経営資源（資金）の配分を再検討したり資金調達を検討する等して、戦略的な投資を検討すべきです。また、投資後のビジネス立上げスピードを高めるために、現場レベル（中間管理職）で新しいビジネスのやり方・効率的なやり方を研究しておくべきです。これもイノベーションの1つの形態です。

パターンC：開発投資・売上成長最優先（"人"は後追い・いずれ行き詰まり）

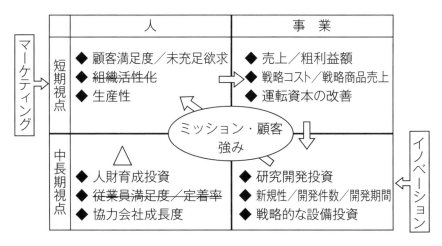

パターンCは、新商品を開発してイノベーションを実現、売上・利益と

もに成長を実現しているパターンです。しかし課題はあります。従業員の離職率が高く、雇用が安定しないことです。パート・アルバイト（PA）の比率が高いことも起因しています。特にサービス業・小売業においては見受けられる事例であり、最近はPAの正社員化（地域限定社員）も進められています。企業は人なりです。一部の人だけでなく働くすべての従業員がやりがいを持てる、安心して仕事に打ち込めることが最重要であり、そのことが長期的な成長を実現すると思います。

企業の成長は、人の成長抜きにして考えられません。

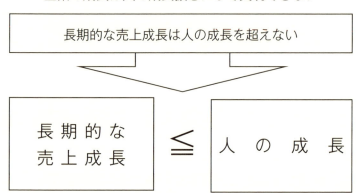

　以上、3つのパターンを見てきましたが、最後に残りの2つのパターンについて検討します。
　※1　右列の「事業」のエリアのみ
　　　　左列の「人」のエリアに当てはまるものがないことを示しますので、通常に事業を営んでいる状態であれば、このようなケースはないと思います。特殊なケースとして、何らかの理由で事業を整理する状況が該当します。

※2 下半分の「長期」のエリアのみ

上半分の「短期」の状況が実現していないことを示しますので、顧客からお金をいただくビジネスが成立していないことを示します。まだ創業期にある研究開発型のベンチャー（資金的な援助を受けている）等が該当すると思われます。

2　永続経営の「型」

ここでは、これまでに取り上げた企業の行動を永続マップに当てはめてみることにより、永続経営の型とポイントを確認してみたいと思います。

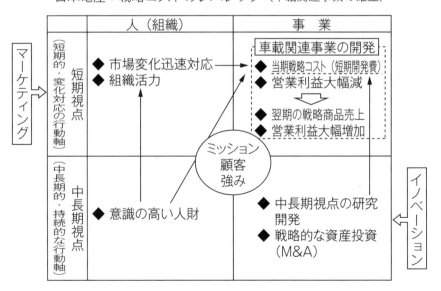

日本電産：戦略コストのレバレッジ（車載関連事業の確立）

日本電産では、車載関連事業の開発を M&A を含め数年前から準備していました。

また、常に意識の高い人財を育成していることにより、環境変化の把握及び対応を猛スピードで実現できるようにしています。今回のケースも精密モーターの需要が予想を超えたスピードで減少しても、上記のごとくすでに準備をしているため、わずか1年以内に収益構造を転換し将来の事業の柱を確立させました。そのために使ったお金が戦略コスト（構造改革費及び開発費）です。
　まさに長期視点と短期視点の経営の両立の結果です。

　次に東レの炭素繊維事業の事例をみます。

東レ：長期的な研究開発（莫大な投資）により革新的製品開発、収益の柱へ

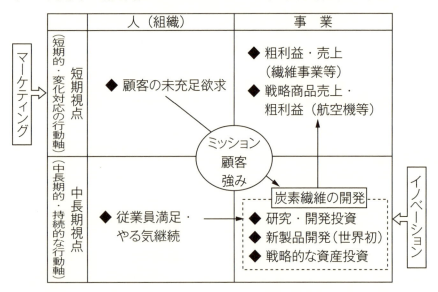

　3で記載しましたが、東レは、炭素繊維事業の成功まで40年を超える歳月を費やしました。
　莫大な研究開発投資を続けてこれたのは、それがミッション・価値観に基

づいた研究開発であることと、研究開発資金を支える本業の力・がんばり、それから従業員のやる気の継続、価値観の共有を背景にした研究開発継続への社内の理解・協力があったのではないかと思います。東レらしさの追求・東レのこだわりが凝縮された開発だと思います。

3　永続経営のためのチェックポイント

チェックポイントという観点から、改めて永続マップをみることにします。

永続マップのチェックポイント

	人（組織）	事業
（短期的・変化対応の行動軸）短期視点	営業利益／営業CF ◆ 顧客満足度／未充足欲求（*） ◆ 組織活性度 ◆ 生産性	◆ 粗利益額／売上 ◆ 戦略コスト／戦略売上 ◆ 運転資本の改善・運転経費の管理
	人財成長度／強み活用度 ミッション・顧客・強み 売上新規度／社会資本利益率	
（中長期的・持続的な行動軸）中長期視点	◆ 人財投資（時間・費用） ◆ 従業員満足度／定着率 ◆ 協力会社成長度	◆ 研究・開発投資（人・時間・費用） ◆ 新規性／開発件数／開発期間 ◆ 戦略的な資産投資（M&A含む） 売上高未来費用比率

←マーケティング　　　イノベーション→

（*）顧客にある未解決問題も含む。

上記永続マップに掲げた◆の項目は、これまで 2 ～ 5 にかけて説明してきた項目です。

このうち、数値以外の下記項目については、各企業でその定義・達成度判定の方法を決めることになります。

 a. 新規性
  例）当社にとっての新商品を何件開発できたか、世の中・社会にとって新しい商品、今までにない商品を開発できたか

 b. 開発期間
  例）個別の開発プロジェクトの目標開発期間内に開発できたか

 c. 戦略的な資産投資
  例）中長期経営計画の中で計画しているか・実行したか

 d. 従業員満足度
  例）定期的な意識調査を行い、満足度を把握する

 e. 定着率
  例）入社から3年後に何人が在籍しているか（30人中24人であれば80％）

 f. 協力会社成長度
  例）品質、納期、技術などのレベルが向上しているか

 g. 顧客満足度
  例）その会社にとって最適な方法で、満足度を把握する
   画一的な方法ではなく、その会社らしい方法が大切であり、さらに可能な限り顧客とコミュニケーションを取り、生の声を聴いて判断することが重要です。

 h. 未充足欲求（未解決の問題）
  例）この1年間で、何件の未充足欲求を捉えることができたか

 i. 組織活性度
  例）部門内会話状況、部門間会話状況、部門横断のプロジェクト件数などから幹部会議等で判断する

 j. 人財成長度、強み活用度

例）幹部による人事考課ミーティングにおいて、判断する。
　　　人財の成長度は前回の考課・評価結果と比べる
　　　強み活用度は、判断の対象者を決めその中で強みを活用できている
　　社員（得意分野で力を発揮している社員等）がどれだけいるかを判断
　　する

　以上の項目は、代表的な項目の例示ですので、実際にどのような項目を設定し、また、どのような目標を設定するかは各企業の方針・考え方によります。

　特に数値項目の目標設定は、企業の経営方針・ビジネスの特徴を十分ふまえ、企業なりきの目標設定を行うことが重要です。

　4 で説明しましたが、確認のために再度図を示します。

永続のための財務指標（中長期経営計画期間における設定例）

財務指数	ポリシー	2014年度	～	2017年度	～	2020年度
\[財務指標間の因果関係をふまえ、一体的に決める　例\]							
戦略コスト	変化対応&成長戦略に基づく	◆	◆	◆	◆	◆
研究開発費比率	期間平均〇〇%	〇〇%	〇〇%	〇〇%	〇〇%	〇〇%
教育研修費比率	期間平均〇〇%	〇〇%	〇〇%	〇〇%	〇〇%	〇〇%
戦略的な投資	成長戦略に基づく	◆	◆	◆	◆	◆
●上記指数（インプット）と下記指数（アウトプット）は一体管理する。							
粗利益額／売上高	各期間で目標設定	〇〇／〇〇	〇〇／〇〇	□□／□□	〇〇／〇〇	〇〇／〇〇
売上新規度	中長期計画に基づく	〇〇%		〇〇%		〇〇%
営業利益(率)	毎期目標設定&最終年度	〇〇(%)	〇〇(%)	〇〇(%)	〇〇(%)	〇〇(%)
営業CF	毎期目標設定	〇〇	〇〇	〇〇	〇〇	〇〇
社会資本利益率	一定の水準を目指す	〇〇%	〇〇%	〇〇%	〇〇%	〇〇%

以上をふまえ、永続経営の実施状況を確認していくことが重要です。

4 中長期経営計画成功のポイント

前項で中長期経営計画期間における永続指標を示しましたが、中長期経営計画自体を有効に機能させることは重要です。作成したはいいが肝心な実行が伴わない、結局絵に描いた餅で終わってしまったというケースは少なくありません。ではどうすれば中長期計画が有効に機能するのでしょうか。

通常、理想を描き現状とのギャップを戦略という手段で埋めるというのが

オーソドックスな計画の作成です。教科書的な計画の作り方でもあり正しいように思えますが、実際はそれだけでは上手くいきません。ではどうすればよいか。埋めるべき最も重要なギャップは、トップの目線と社員の目線のギャップであると思います。経営計画という名前からして「あれは社長が作った計画」、あれは「上層部が作った計画だ」と社員（現場を支えている中堅社員）に思われたら、どんなに素晴らしい計画でも現場が動かず、絵に描いた餅で終わる可能性が高いのです。なぜなら、そこには当事者意識がなく実行が伴わないからです。

　したがって、中堅クラスの社員（将来の幹部候補生）が経営者の目線に立ち、一度は社員主導で計画を作ってみることが重要です。その上で経営陣と意見交換・協議をすることにより、社員は経営者の考えや気持ちがようやく分かるようになり、経営者も現場の考え方や気持ちが分かるようになります。そのようにしてお互いの目線の違いから生じるギャップを埋めながら作った計画は、納得・腹落ちしかつ自分たちで作り上げたという参画意識・当事者意識のもと、実行力も実行スピードも格段にアップするので、筆者の経験則上も、大体は計画策定後の進捗が上手くいきます。

　また、計画策定を中堅クラスの集まりで組成している場合は、各部門横断の協議の場にもなりますので、部門の利害を超えて全社的な視点で共通の課題や目標に取り組むこと（全社最適の実現）ができます。粗利益率（原価率）の目標にこだわる購買部門、売上目標にこだわる販売部門が、全社的な課題（粗利益額の向上）に協力して取り組むことがあげられます。

　なお、社員主導で作る計画の主な要素は、ビジョン（うちの会社は将来こうありたい、こうなって欲しいという理想像）、戦略立案、戦略実行のアクションプランの策定になります。経営理念や経営の考え方（経営基本方針）の策定は、当然に社長の役割です。

経営者の思いと、社員の意識・行動とのギャップ

　以上から、中長期経営計画策定の最大のメリットは、トップと現場のギャップが埋まること及び全社最適の実現にあると言えます。
　ちなみに、京セラには中長期計画がないと言われています。理由は数年先のことは誰も正確に予測しようがないので、まずは見通せる範囲・期間の具体的な目標をしっかり定め、この１年間あらゆる手立てを講じて達成する、そして次の１年間も明確な目標を立てて実行し達成する、その積み重ねがあるからこそ、事業は年々発展し続けるという考えです。経営の根底を脈々と流れる「京セラフィロソフィ」（経営哲学）の存在（中長期計画というような次元を超えた存在）がすべてなのだと思います。また、稲盛名誉会長は、その著書『従業員をやる気にさせる７つのカギ』の中で、４つ目にビジョンの重要性について書かれています。
　「4. ビジョンを高く掲げる
　すばらしいビジョンを共有し、こうありたいと従業員が強く思えば、夢の

実現に向かって、どんな障害をも乗り越えようという強大なパワーが生まれてくるのです。」

　先に紹介したデュポンは、このビジョンの策定を最も重要視しています。企業の使命が世のため・人のために立つことであれば、5年後、10年後の世の中に役に立っている姿をイメージするのがビジョンになります。したがって、ビジョンを作成するためには、世の中の変化を想像し予想しなければなりません。これはデュポンが行っているビジョンの作り方で、環境の分析、変化の予測・予想に多大な時間を費やすそうです。

　以上、中長期経営計画は、ビジョンを達成するための重要な手段（明確な通過点としての位置づけ）といえますので、それを有効に機能させることが必要です。

　一方、上記のようにビジョンを高く掲げることは重要ですので、中長期経営計画を作成しなくとも、ビジョン達成年度までの通過点の目標を定めた上で、直近の通過点目標に対して当期がどの程度進捗したかを評価し課題を明らかにし、それをもとにビジョン達成のための経営を行っていくというスタイルもあってよいと思います。

5　永続マップにおける経営者・管理者の役割

　改めて永続マップにおける経営者・管理者の役割を確認します。

　永続マップの4つの領域すべてに経営者が関わることは必要ですが、そのウェイトは異なります。経営者は「会社の将来を創る」ことがメインの仕事になりますので、長期的な領域である、「イノベーション」と「人財育成」（永続マップの下半分）にウェイトを置くべきです。もちろん短期の視点も重要です。短期の利益がなければ将来のための投資ができないからです。しかし、経営者が短期のことにかかりきりになると将来が描けなくなります。ですので経営者は上半分の短期の領域では仕組みを創ることにウェイトをかけ

るべきです。

・顧客満足を実現する仕組み
　：顧客にとっての価値の明確化、従業員満足、生産性向上、顧客の声収集・活用等
・粗利益を向上させる仕組み
　：顧客にとっての価値の明確化、値決め、商品の絞込み、顧客の絞込み、戦略コスト（変化対応・成長戦略の実行）、売上の方程式の実行等

　これらの仕組みがないと結果的にキャッシュ・フローが悪化し、最悪は経営者が資金繰りに翻弄されることになります。

　仕組みができたら、実際の運営は幹部・管理職に任せることが大事です。

　その際、幹部・管理職が留意すべきは、売上・利益か、顧客満足かという社員の「意識バランス」です。

　どちらかに偏り過ぎないように、社員の「意識バランス」を適切に調整することは、幹部・管理職の重要な役割です。

　また、経営者が「長期」と「仕組み」にほぼ専念できるよう、社員を育成しなければなりません。そして、その幹部の育成は、経営者自ら直接行うことが重要です。

　社員の育成については、5 に記載した通りです。

8 永続マップの普遍的テーマに戻る

改めて、永続マップの普遍的テーマの3つについて解説します。

この3つが中心に位置するのは、企業経営の根本的要素であり、太陽のように生命のエネルギーを注いでいるからです。この3つの普遍テーマは、4つのエリアのテーマの大元であり、また強い影響を与えています。

1　ミッション（企業理念・使命）

ミッション（企業理念・使命）の重要性は言うまでもありません。企業の存在理由とも言われており、**企業理念のない会社は、存在理由のない会社**ということになります。

経営の神様といわれた松下幸之助氏は、成功する企業の条件として、次のように言われています。

- 理念50％
- 社風30％（社員のやる気を引き出す仕組み・組織・制度）
- 戦略20％

また、ドラッカーは、ミッションについて次のように述べています。

「ミッションとは、<u>経営上の困難を克服するための信念</u>である。
全人的な献身と信念がない限り、必要な努力も持続するはずがない。」

1. 全身全霊を傾けられる本気で本音のミッションが必要
2. ミッションがあれば、リスクは怖くない⇒変化はチャンス
3. ミッションがあるから、人がついてくる⇒組織が動く

さらに続けます。

「ミッションは、行動本位たるべきものである。さもなければ、単なる意図に終わる。ミッションとは、組織に働く者全員が、自らの貢献を知りうるようにするものでなければならない。」例えば、病院の救急治療室のミッションは、「患者を安心させること」であり、そのためには、一分以内に診察しなければなりません。それがミッションであり、ミッションに続く行動でもあり、患者を安心させる唯一の道だったという事例です。(*1)

企業理念に少しでも迷いが生じたら、次の質問を自問自答してみましょう。

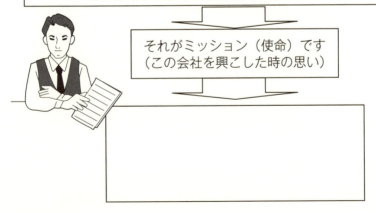

企業理念（ミッション）を思う

あと半年しか仕事ができないとして、お金を一銭ももらえなくてもやりたい・やらなくてはいけないと思うことは何ですか？

それがミッション（使命）です
（この会社を興こした時の思い）

次に実際の理念（ミッション）を確認してみましょう。

伊那食品工業株式会社：理念経営・年輪経営で約50年増収増益を実現
◆社是　『いい会社をつくりましょう』
　　～たくましく　そして　やさしく～
◆経営理念
　企業は社員の幸せを通して社会に貢献すること
　～企業は企業のためにあるのではなく、
　　企業で働く社員の幸せのためにある～

　顧客や取引先、地域住民等のすべての関係者から「いい会社だね」と言われる。
　そういう会社をみんなで創ろうと経営され、現に創られています。
　「いい会社だね」と言われることが、社員の幸せや喜びにつながっているのではないかと思います。
　創業者の塚越会長は、「会社は運命共同体だから喜びも悲しみも一緒だよ」、「あなたたち皆の生活は全部会社が保障しますよ」という姿勢で経営されており、社員の幸せを心底願っていることがよく分かります。結果として、社員は会社を自分の家だと思えるようになり、力を発揮してくれます。
　社是と経営理念が、社員のロイヤリティ（忠誠心）・社員満足を実現しています。

未来工業株式会社：創業以来黒字＆高利益率を継続
経営理念：「常に考える」
◆まず顧客と社員を喜ばせ、感動させることを常に考えるべき
◆それができれば儲けや売上はついてくる

社員の自主性に任せる経営でユニークなしかけを導入しています。
- ホウレンソウ禁止（"管理"の始まりを遮断、社員のアイデア最優先）
- 残業禁止（仕事の段取りを効率的に考え無駄を省く・常識を捨てる）
- 営業はパソコン禁止（顧客と直接会って話し雑談を大事にする）
- 上司の部下への命令禁止・部下の上司へのお伺い質問も禁止

これらすべて「常に考える」の実践といえます。
　社員全員が「常に考える」集団になれば、社員満足と顧客満足を実現し、イノベーション（製品開発）も実現し、生産性も向上します。結果業績も向上します。

　ここで海外企業の事例を紹介します。IBMの創業者もマクドナルドの創業者も、基本的価値観（理念）を最も重要視していました。
　「ワトソン（IBMの創業者）・クロック（マクドナルドの創業者）といった人たちは、人々を大人の人間として扱い、何万人の人々から実際的な新機軸、創意工夫と献身的努力を引き出し、全員に訓練と自己啓発の機会を与え、全員を家族の一員として扱う、というやり方を実行した草分け的な存在である。事実、誰にでもオープン・ドアをその方針としていたワトソンは、いつも労働者には弱かった。労働者がなにか苦情を言ってきたとき、その件に関して管理者の言い分が通ることはほとんどなかった。
　だが反面、こうした人たちは、会社の信条とでも言うべきものに対しては非常に頑固でもあった。顧客サービスや品質第一主義といった基本的な価値観が脅かされたときには、彼らは決して妥協をすることがなく、ときとして無慈悲でさえあった。つまり彼らは、優しい面と厳しい面を併せ持っていたのである。親のように従業員を大切にする。そのかわり従業員からも多くを期待する。」(*2)。
　親のように従業員を大切にするという点は、まさに伊那食品工業の塚越会

長と同じです。

伊那食品工業と未来工業の共通点を確認します。
・社員の自主性を引き出し社員に任せる経営
・製品開発を重視
・年功序列を守る
・リストラはしない（終身雇用）
さらに、注目すべき共通点があります。それは

・売上目標・ノルマがない。
　売上目標・ノルマがなくても、理念経営を実践すれば、売上・利益がついてくるを証明しています。

3 のイノベーションで、事例紹介した企業の使命（価値観）も明解です。

Google：
「世界中の情報を整理し、世界中の人々がアクセスできて使えるようにすることです」
　そして、Googleの理念の詳細として、10の事実を掲げています。その1番目が
　#1: ユーザーに焦点を絞れば、他のものはみな後からついてくる。
Googleは、当初からユーザーの利便性を第一に考えています。新しいウェブブラウザを開発するときも、トップページの外観に手を加えるときも、**Google内部の目標や収益ではなく、ユーザーを最も重視**してきました（伊那食品工業、未来工業とも相通じます。）。

以上、なぜミッション（理念）が永続マップの中心に位置するかをみてき

ました。

2 顧　客

ドラッカーは次のように述べています。
「企業の目的は顧客の創造である」
そしてこの結論を導いた理由を述べています。
「企業は社会の機関であり、その目的は社会にある。
　企業の行為が人の欲求を有効需要に変えたとき、初めて顧客が生まれ市場が生まれる。顧客が企業の土台として企業の存在を支える。顧客だけが雇用を創出する。社会が企業に資源を託しているのは、その顧客に財とサービスを提供させるためである」

企業は、社会の機関であるため・世のため・人のために役立つ存在であります。
　そして役立つということは、人の欲求を満たすということであり、その時、初めて財とサービスを提供する相手としての顧客が創造される。
　ゆえに「企業の目的は顧客の創造である」と解釈することができます。
　企業の目的は顧客の創造であるならば、その顧客とはどのような顧客かを考える必要があります。ドラッカーはさらに続けます。
「我々にとっての顧客は誰か」
「顧客にとっての価値は何か」
「自社が何を売りたいかではなく、顧客が何を買いたいか」
「マーケティングとは、顧客の欲求からスタートするものである」
　これらの内容はこれまでの章でみてきた通りです。

「顧客志向」（社内ではなく顧客を向く）とは、上記のすべてを意識して行動

することです。

3　強　み

　ドラッカーは経営の本質として次のように述べています。
「『成果』を得るために『強み』を活かすことを考え・実践することが経営の本質である」
　強みとは、将来にわたって成果を獲得できる源泉であり、コア技術、コア資産ともいわれます。資産には、設備や国内外の拠点（ネットワーク）だけでなく、ノウハウや協力会社のネットワーク等の無形の資産も含まれます。
　企業は、その強みを活かせる顧客（市場）を選択しなければなりません。そうでなければ永続的に顧客を創造することができないからです。
　そして、強みを活かすことは強みに集中することでもあり、余計なものを「すてる」ことでもあります。東レは、未来のために、事業として成功するまで、40年以上も炭素繊維の技術（強み）に集中し続けました。
　またでんかのヤマグチの強みは、呼ばれたらすぐトンデ行くフットワークの軽さ・速さ・それを実践する社員、また、かゆいところに行き届くサービス・それを実践する社員でありました。そしてこの強みを活かし・集中するために、経営理念を実現するためのモットーの内容が強みそのものが反映されています。未来工業の経営理念「常に考える」も、常に考える自立した自主的な社員の存在そのものが強みといえます。
　ドラッカーの言葉に戻り、なぜ、強みを活かすことが経営の本質であるか、使命との関わりで考えてみたいと思います。　5　でも説明しましたが、故船井幸雄さんは、「人はみな自分の使命を果たすために、必ず何かの長所を持ってこの世に生まれてきます。長所を生かして生きていくのが、自分の使命を果たすための正しい生き方です。」と言われました。人の集合体である企業も、人の長所・強みをベースに築き上げてきた会社の強みを活かして

事業運営していくのは、本来の生き方であると思います。

強みを活かし、世のため・人のためになることこそが、使命を果たすことになる。

今一度、自社の強みは何なのか・それを徹底的に磨き上げて生かすこと、このことを肝に銘じて経営していくことが、企業を永続させるために求められます。

本章の普遍的テーマには直接言葉としては出ませんが、上記の「強み」に関連した２つの経営テーマについてお話します。

◆「すてる」

環境は常に変化するので、今までのビジネスで通用しなくなる製品等が必ず出てきます。しかし、せっかく苦労した製品・歴史がある製品であればあるほど、すてられません。結果、環境不適合で売れなくなり、赤字になり累積していきます。

また、ビジネスは生き物ですから、長年経営をしていると「すてる」モノやコトがどうしても出てきます。経営者も人であるので、「まずはやってみよう・やってみなくちゃ分からない」ということで、自社のコア領域（強み）と離れた領域でチャレンジすることがあります。（いわゆる多角化領域）。上手くいく場合もありますが、失敗する場合の方が多いのではないでしょうか。ゆえに、上手くいかなくなった時は、損失を最小限に止めるためにいかに早く「すてる」かが勝負になります。ドラッカーは「計画的廃棄」を経営に組み込むことを求めています。

まさに経営者の意思決定・決断が問われます。

◆戦略

戦略とは、言い換えると「すてる」ことです。

漢字の通り、戦いを省略できる場所（戦わずして勝てる場所）を探すことでもあります。自社にしかできないこと・自社の強みを最大限活かせる場所（市場・顧客・地域等）を探し出し、その場所に立つことです（ポジショニングともいわれます。）。

著名な戦略学者や経営者も述べています。

マイケル・E・ポーター「戦略の本質とは、何をやらないかという選択である」

スティーブ・ジョブズ「得たいなら、すてることだ。最も重要な決定とは、何をするかではなく、何をしないかを決めることだ」

すてることができた会社は、その後の収益を回復拡大させ成長軌道に乗せています。
- 大口顧客と大型貨物をすてたヤマト運輸
- 顧客を絞り込んだでんかのヤマグチ
- 多数の商品をすてたアップル　等

すてることは、成長軌道に乗せるための極めて有効な経営レバレッジであるといえます。

最後に、改めて、経営の普遍的な三大要素である「ミッション」、「顧客」、「強み」について図でまとめます。

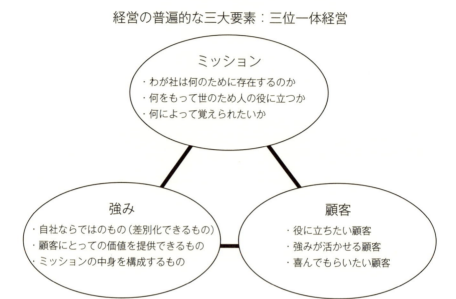

経営の普遍的な三大要素：三位一体経営

8 参考文献
(*1)『非営利組織の経営』ピーター・F・ドラッカー（著）ダイヤモンド社（発行）
(*2)『エクセレント・カンパニー』トム・ピーターズ（著）ロバート・ウォーターマン（著）英治出版（発行）

9　ま　と　め

 永続できる会社と永続できない会社

　これまで述べてきたことから、永続できる会社とそうでない会社をまとめてみました。

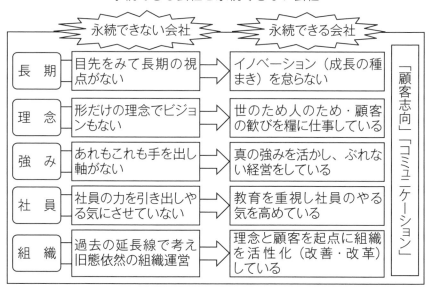

永続できる会社と永続できない会社

永続のレバレッジを効かせる

永続マップをなぞりながら、確認してみてください。

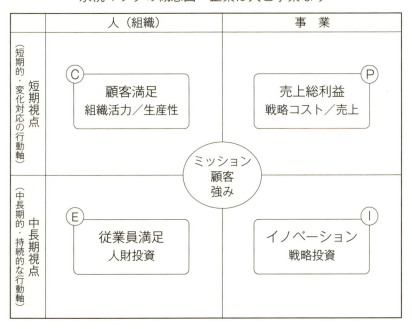

永続マップの概念図 "企業は人と事業なり"

◆レバレッジは効いていますか

①従業員満足度を向上すると社員がやる気になり、顧客満足に喜びを感じるようになり、顧客満足度が向上する（E⇒C）。

②顧客満足度が向上すると、顧客の購入頻度（リピート）や購入数量が増え、売上数量がアップし、売上が向上する。また、満足度が向上すると、評判や紹介で新規顧客が増え、売上が向上する。売上が向上すれば、粗利益も向上する（C⇒P）。

③粗利益が増え、さらに業務改善・コストダウンにより運転経費を抑えることができれば、営業利益・営業CFが増える（P）。

④営業CFのお金で将来のための設備投資や研究開発投資を行う。これにより中長期の収益基盤を創る（P⇒I）。

⑤研究開発投資の一環で、好きなことや新しいことに取り組めるようになると（自分の能力を最大限発揮できるようになると）うれしくなり、やる気が出る（I⇒E）。

⑥やる気になると顧客対応がすべての部門（業務）で充実・強化される。迅速、丁寧、高品質、短納期などによって、さらなる顧客満足が実現される（E⇒C）。

⑦顧客満足が得られると、さらに受注・販売が増える。受注・販売の実績と提案力、商品力で値段・価格設定・交渉を希望にそって進められる。商品価格が向上でき、売上と粗利益がアップする（C⇒P）。

⑧組織全体が活性化すると、アイデア出しや新規への取組みが活発化し、新サービスや新商品が開発できる。従来よりも価値が向上するので、価格・値段もアップする。売上・粗利益ともにアップする（C⇒I⇒P）。

⑨顧客志向が充満すると顧客の未充足の欲求を把握し、それをもとにイノベーションを実現する（C⇒I）。

③ 永続経営のスタイルは各社の自由

　永続のスタイルは各社各様ですが、環境変化対応だけでは永続を目指せませんし、長期的視点だけでも困難です。やはり両方がバランスよく機能させることがポイントです。

　バランスのウェイトは業界・企業によって異なります。

　小売業は環境変化対応経営（仮説検証型経営）の方がウェイトが高いでしょ

うし、製造業は、長期的視点経営の方がウェイトが高いかもしれません。

各社独自の永続マップを創ることが重要です。

なお、永続を目指して経営を行っていく際には、社会資本の出し手であるステークホルダーに対する配慮と説明が重要になります。

短期利益の確保をしつつ永続を目指した長期的な経営を行うためには、戦略コストや未来経費、戦略的な先行投資といった資金が必要となります。営業CFの範囲で対応できれば理想的ですが、時には社運をかけた投資も必要となります。また時期を逃さずに戦略コストをかける必要もあります。戦略投資や戦略コストは、会社としては一定の根拠と覚悟をもって行いますが、社会資本の出し手であるステークホルダーは（金融機関、株主、投資家等）は、既存の返済財源の維持や配当、そして将来の備えとして内部留保を求めるかもしれません。

したがって、ステークホルダーに対しては、将来の構想、環境分析・これまでの実績に基づく根拠等に基づき、信念と熱意をもって説明することが重要です。

永続経営のための長期的な利益創造

4 の会計マネジメントをふまえ、改めて永続経営のための利益創造のプロセスを図に示しました。

9 まとめ 197

永続のための長期的な利益創造ツリー

	まずは	次に	X年度	X+1年度	X+N年度
永続のためのポイント	粗利益（付加価値）をアップさせる	戦略コスト・未来費用をかける 運転経費と運転資本を改善する	営業利益を管理し、営業CFを改善する戦略投資実行	粗利益（付加価値）をアップさせる	粗利益（付加価値）をアップさせる
永続のための行動と状態	・商品の価値を高め、粗利益が出る販売価格にする ・顧客満足を高め、客数をアップさせる ・社員のやる気を高め、強みを活かす	・戦略コストを実行し戦略売上の目標を設定 ・未来費用を実行 ・運転経費と運転資本を改善する	・営業利益と営業CFの目標を達成する ・その上で、戦略投資の目標を決め実行する	・開発コストと戦略投資の効果により、X年度の水準にプラスで戦略売上・粗利益が実現し、粗利益全体も増加している	・さらに未来経費の効果により、X+1年度の水準にプラスで新商品の売上・粗利益が収益に貢献し、粗利益全体も増加している
管理指標	粗利益、人件費労働生産性をアップ（付加価値／平均社員数）	戦略コスト（現金コスト） 未来費用 運転経費、運転資本	営業利益＝粗利益－人件費－戦略コスト－未来費用－運転経費	戦略売上・粗利益・労働生産性も向上	新商品売上・粗利益・労働生産性も向上

　上記の指標の位置づけを確認するために、改めて永続経営のチェックポイントの図を示します。まずは現在の状況を把握することが大事です。特に財務指標以外の永続指標についてです。具体的には176ページのa～jを参考にしていただきながら、チェックをしてみましょう。また段階に応じて、財務数値と同様に目標を設定し、実績を把握する、対比した結果を評価することも考えられます。しかし数値を厳密に把握することが目的にならないように留意が必要です。チェックリストの目的は、永続のために必要な要素を忘れないこと、意識を持ち続けることです。

　特に各エリア間のつながりや連動性を意識すること、長期と短期のバランス感覚・意識を忘れないことです。

　その意識がベースとなって、長期利益と短期利益をバランスさせる戦略実行につながります。これが経営者に必要な「戦略バランス」です。

永続経営(持続的成長)のチェックポイント

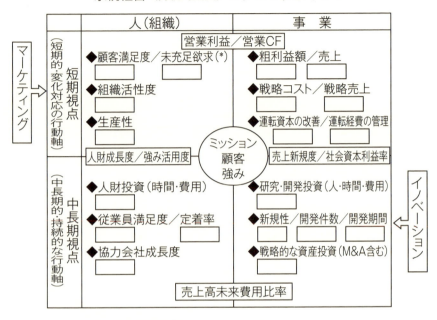

(*)顧客の未解決問題も含む

 企業の価値は、永続することである

　トヨタ自動車(豊田社長)が、経営の参考にしているという伊那食品工業の塚越会長とは何回かお会いし、直接お話をお聴きした経験があります。強調されていたのは、
「会社は社員の幸せのためにある」
「会社は永続することに最大の価値がある」
「金にならないのがムダではなく、世のために人のためにならないのがムダである」

塚越会長は、永続するために年輪経営をされています。

著書『年輪経営』の中で、次のように書かれています (*1)。

『私も売上や利益の大切さは、良く分かっているつもりです。しかし、売上や利益が増えることを目的にすると、社員の幸せが二の次にされてしまいます。

～中略～　これでは本末転倒だろう、と私には映ります。経営とは「会社の数字」と「社員の幸せ」のバランスをとることだと思います。このバランスこそ、経営者が最も求められるものです』。

『年輪は永続の仕組みを表しています。木は天候の悪い年でも、成長を止めません。年輪の幅は小さくなりますが、自分なりのスピードで成長していきます。「天候が悪いから成長は止めた」とは言いません。会社も一緒で、環境や人のせいにすることなく、自分でゆっくりでもいいから着実に成長していきたいものです。これが「年輪経営」の真髄です。』

そして話の中で、「会社というのは、一定の利益がきちんと出る仕組み、大きい小さいではなく、長い間にわたって毎年きちんと利益が積み重なっていく状態がいい」と言われていました。何をもって会社の成長と捉えるか、売上だけではなく、社員のモチベーションが上がった、福利厚生がよくなった、会社のイメージがアップした、これらすべてが成長であり、どこかが良くなる状態を毎年ずっと続けることが大事だと言われていました。そして会社のイメージアップとは、その会社が好きだというファンをたくさんつくることだと、商売は一言でいうとファンづくり、信者づくりだということです。儲けという漢字も信者と書きますね。

会計上、儲けとはキャッシュフローの創出を意味します。そして、財務会計上、企業価値は将来にわたって獲得できる見込みのキャッシュフローをもとに算出されます。永続するためのファンづくり【顧客の創造】が、結果と

して財務会計上の企業価値の向上につながります。

9 参考文献

*1 『リストラなしの「年輪経営」』塚越　寛（著）光文社（発行）

あとがき

　私が長野事務所勤務時代に、伊那食品工業の塚越会長を訪ねた際に、長野に帰るのは夜遅くになるであろうからと女性社員の方がおむすびをつくってもたせてくれました。このおもてなし、しかも自然な振る舞いの中でのおもてなしに感動したことを今でもよく覚えています。全社員が社是「いい会社を作りましょう」を実践している、そしてその結果として私が感動してファンになったように、会社と接した方はすべてファンになっているのだろうと思います。

　すなわち、ファン（顧客）は、社員全員による社是と経営理念の実践により創られているのです。

　本書の冒頭で、「企業の使命は、世のため人のために役立ち永続すること」と書きました。

　私は、「世のため人のため」という言葉が大好きですが、おそらく日本人の精神のルーツではないかと思っています。最近は、国際化（グローバル化）、多様性といった環境変化が価値観に影響を与えています。日本企業の技術力や高品質のものづくり力、そしておもてなしに代表されるきめこまかなサービス力といった強みは、世界の人たちの役にも立てるはずであり、その結果、新たな顧客の創造と国内の雇用を生み出すことができると思います。今後は「Its' a small world」（世界はひとつ、世界はせまい）の世界観を持ち、「世のため人のため」は世界のためも含まれているという世界貢献の意識をもつことが大切ではないかと思います。

この本を書きながら考えていたことは、公認会計士のミッションとは何か、また顧客に提供すべき価値とは何かということでした。会計専門家は、その職業専門家としての業務を通じて、経営と、その結果としてのB/S、P/Lとの因果関係・相関関係を把握できる立場にあります。また経営不振に陥ってしまった会社の実情もつぶさにみてきています。したがって、会計専門家の使命は、経営と会計の両面に携わってきた経験と知見を活かし、経済社会に還元すること、そして多くの企業が永続できるよう支援することであると考えます。本書で紹介しました会計視点を取り入れた「永続マップ」や「会計マネジメント」が、会計分野におけるイノベーションの1歩になることを願っています。

　さいごに、読者企業の皆様が、永続を目指して、自社ならではの「いい会社」「オンリーワン企業」になられることを心より祈念しております。

　なお、本書に記載された事項は著者の私見であり、筆者の所属する法人等の公式見解ではないことをお断りしておきます。

2014年12月

星野雄滋

〈著者略歴〉

星野雄滋（ほしの・ゆうじ）

山梨県出身
公認会計士・有限責任監査法人トーマツ・パートナー

1987年　慶應義塾大学経済学部卒業後、サンワ等松青木監査法人（現有限責任監査法人トーマツ）に入所。

1992年　監査法人トーマツ長野事務所開設に携わり、2000年㈱トーマツ環境品質研究所（現トーマツイノベーション㈱）の甲信越支店を立ち上げ、主に中堅企業に対してマネジメントシステムに関する支援を300件以上行う。
2008年監査法人にて経理ベーシック講座を全国展開し、経営および経理関連のセミナー・企業向け研修活動を行っている。また現在は学校法人に対して、中長期計画等各種支援も行っている。専門分野は「永続経営」と「教育」。ドラッカー学会会員。

〈執筆協力者〉

有限責任監査法人トーマツ 公認会計士 シニアマネジャー（初版時点）
三村健司、森竹美江、米村郁代、大森宣宏、竹田裕

《検印省略》

平成27年1月20日　初版発行　　略称：レバレッジ

永続企業を創る！戦略バランスとレバレッジ会計マネジメント

著　者 © 星　野　雄　滋
発行者　　中　島　治　久

発行所　**同文舘出版株式会社**
東京都千代田区神田神保町1-41　〒101-0051
電話 営業 (03)3294-1801　編集 (03)3294-1803
振替 00100-8-42935　http://www.dobunkan.co.jp

Printed in Japan 2015　　印刷：萩原印刷
製本：萩原印刷

ISBN 978-4-495-38461-6

JCOPY 〈(社)出版者著作権管理機構 委託出版物〉
本書の無断複写は著作権法上での例外を除き禁じられています。複写される場合は、そのつど事前に、(社)出版者著作権管理機構（電話 03-3513-6969、FAX 03-3513-6979、e-mail: info@jcopy.or.jp）の許諾を得てください。